仏陀のいいたかったこと

田上太秀

講談社学術文庫

まえがき

仏教の起源は紀元前にさかのぼり、その伝統は古い。インドに端を発し、中国・チベット・朝鮮などに伝播《でんぱ》し栄え、日本ではインドとは異質の仏教が結実した。過去二千五百有余年の発展のなかで、仏教は膨大な文献を残した。その数は、散失し現存しないものを含めるとどれだけあったのか、知る人さえいない。

インドでは釈尊《しゃくそん》（仏陀《ぶっだ》）の説法を集めたもの（経蔵《きょうぞう》）、戒律を集成したもの（律蔵《りつぞう》）のほかに、教理を研究した論文集（論蔵《ろんぞう》）があり、さらには偽作の経典があり、それを註釈したものも残っている。写経したものも多い。

これらインド諸文献は中国やチベットに持ち出され、それぞれの国語に翻訳された。さらにそれらを註釈し研究した文献が生まれた。宗派が誕生すると、各宗のテキストが作られ、それの解説書が多出した。朝鮮・日本においても同じ経過をたどっている。

膨大な仏教文献中の仏教思想は多種多彩である。このためどれが釈尊の真説なのか

法だと信じている人がいるのではないか。

さらにまた、時代が経るにつれて、釈尊は超人格神のような存在になり、凡夫《ぼんぷ》とは遠い存在の人となった。わが国では釈尊は近づきがたいほとけさまと信じられ敬遠されて、かえって、各宗派の宗祖が身近なものとなっている。

筆者はそこで偶像化した釈尊ではなく、体臭が感じられるほど身近な釈尊を描こうとした。かれはわれわれに何を教え、どこへわれわれを導こうとしたのかを知りたかったからである。信仰対象としての釈尊はもういらない。かれが残した法（真理・教え）を知りたい。それを生き方・考え方の支えにしたいのである。じつはそれこそがわれわれの信仰対象でなければならないからである。

いままで仏教概説書の刊行物は多かったが、釈尊自身を生《なま》の人間として取り扱い、本書のような問題を正面から取り上げたものはなかったと思う。「仏陀のいいたかったこと」と題したのは、人間釈尊の本音はどこにあったかを論じたかったからである。かなり問題視される個所もあるが、ご意見、ご叱正を仰ぎたい。

最後に釈尊の呼称について一言ふれておきたい。釈尊とは「釈迦《しやか》牟尼《むに》仏世尊《ぶつせそん》」の略称で、釈迦族出身の聖者（牟尼）であり、真理にめざめた人（仏）であり、世界で最も尊敬されるに値する人（世尊）という意味の尊称である。わが国では古来、「釈迦」と呼ばれているが、これは出身の種族を示すものにすぎず正確ではない。また「仏《ぶっ》陀《だ》」とは原語ブッダの漢訳で、「真理にめざめた人」という意味で、釈尊に対する尊称である。しかし、これは普通名詞でもあるので、釈尊に限らず、世界の真理にめざめた人であれば、だれでも仏陀である。本書では、歴史的人物としては釈尊の呼称を用いているのをあらかじめお断わりしておきたい。

本書は昭和五十八年九月二十日に出版された本の文庫版である。原本は城戸巌氏、講談社出版研究所の遠藤卓哉氏から多くの貴重な助言をいただき、刊行された。しかしそれも数年前絶版となり、時が過ぎた。周りの人達から再刊を求める声が聞こえていたので、書き改めたものを出版していただく出版社がないかと案じていた矢先、突然、講談社学術局の相澤耕一氏から文庫化したい旨の申し出があり、お願いすることになった。

学術文庫の一冊となるので加筆し、書き替えたい箇所もいくつかあったが、語句を訂正する程度で、もとの本をそのまま残すという方針に従った。ただ、学問的に問題となる箇所については「註記」を付して説明を追加した点が、もとの本と大きく異なる。

また、本書はもともと一般読者に広く読んでもらいたいという目的で執筆されたので、引用文献名は明示したが、巻・頁などに至る詳しい数字は省略した。ともかく、私の仏教探究の軌跡として読んでいただければ幸いである。

原本、ならびに文庫版の本書が刊行されるに当たり、右の方々にはお世話になった。心から感謝申し上げる。

著者誌す

平成十二年一月

目次

仏陀のいいたかったこと

1　インドにも「諸子百家」がいた

前五、六世紀のインドの社会

インド文化の形成に中心的役割を果たし、その発展に大きな貢献をしたのは、アーリア人であった。アーリア人はインド古来の原住民ではなく、他地域から侵入して来た民族であった。かれらの先祖の発祥地がどこであるかはいまだ定かではないが、かれらがヒンズークシュの山脈を越えて、インドに侵入して来たのは前一五〇〇年頃であったらしい。かれらは、インド原住民のムンダ人やドラヴィダ人などと交流し、その文化を吸収し、多大な影響を受けたといわれる。

インドに侵入したアーリア人は、まずインダス河上流のパンジャーブ（五つの河という意味）地方に落ち着き、多神教の宗教をもった。多神教といっても自然神で、雨や風や河川などの神々である。

住みついて数百年たったころ（前一二〇〇年頃）に、神々のお告げを集成した『リグ・ヴェーダ』というインド最古の聖典が成立した。これは宇宙創造から始めて、人間誕生の源流を説いたもので、まさにアーリア人によるインドの建国を神話的に記述した文献である。

アーリア人はその後さらに東方に進み、ヤムナー河とガンジス河との中間に位置する肥沃な地域に定住した。それまで農耕や牧畜を主とする生活であったのが、ここに定住するようになってから、商業や工業などの職業も現われてきた（前一〇〇〇頃～前五〇〇年頃）。

このように職業が分化してくると、それぞれのランクづけが始まる。自然神の祭祀を司る職業をバラモン階級といい、これが最高位に置かれた。次に戦争や政治に従事する職業をクシャトリヤ階級という。その下に農工商・牧畜に従事する職業のヴァイシュヤ階級がくる。そして最下位にあって、上の三階級に奉仕することを義務づけられたシュードラ階級がある。上の三階級はアーリア人たちの階級で、シュードラ階級は原住民、つまり被征服者たちの階級である。だからかれらシュードラ階級はアーリア人に奉仕する階級といわれた。これらの職業はさらに多岐に分化し、のちにカースト制の観念を生むにいたる。

アーリア人社会が発展していくにつれて、部族間の対立や統合が見られた。小さな部族がより大きな部族に吸収され、統合されて、さらに大きな部族が形成される。そして、これを統率する支配者、つまりラージャン（王）が現われて、王国が誕生した。

ガンジス河流域でいえば、上流地域に位置する北インドは保守的なところで、神託をまとめたヴェーダ聖典を中心とする宗教が栄え、バラモン階級の権威が重んじられた。これに対して、ガンジス河中流地域はインドの中部にあたり、「中国」地方と呼ばれている。この地域は、いわゆる新開拓地域で、さきに述べたクシャトリヤ階級の力が強く、バラモン階級はむしろクシャトリヤの下に位置づけられていた。

前六〜前五世紀頃には、中インドは十六大国に分かれ、それらがさらに少数の五国に統合されようとしていた。十六大国の中でも、とくに強大国といわれたのは、中インド西北方に位置したコーサラ国と、ガンジス河中部南方に位置するマガダ国である。コーサラ国の首都をシュラーヴァスティー（舎衛城《しゃえいじょう》）といい、マガダ国の首都をラージャグリハ（王舎城《おうしゃじょう》）という。この二つの首都は釈尊の仏教伝道の舞台となったところである。これら二大国のうち、マガダ国が、のちにインド全体を統治し、インド最初の王朝、マウリヤ王朝を築くことになった。

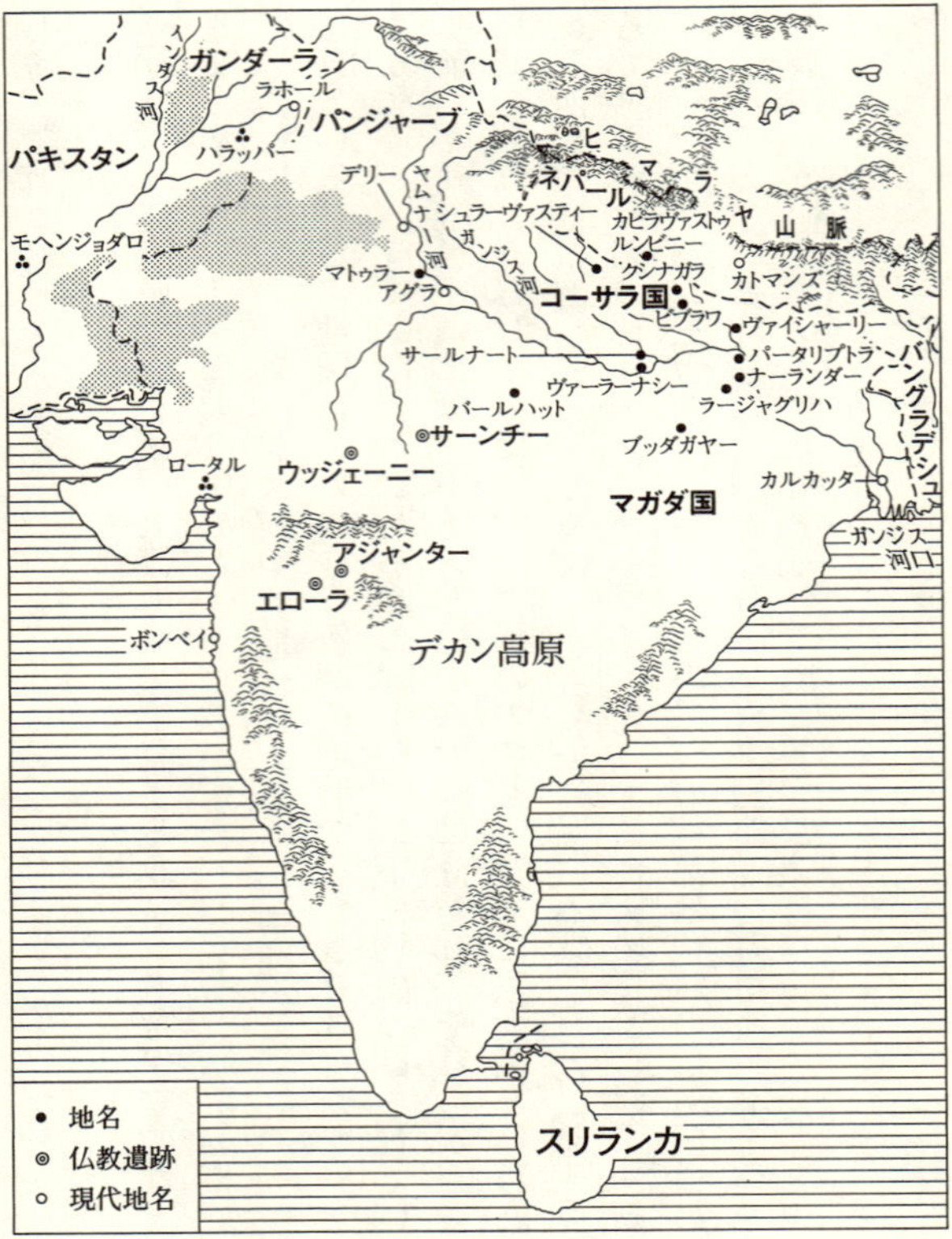

ガンダーラ
インダス河
ラホール
パンジャーブ
パキスタン
ハラッパー
ヒ
マ
ラ
ヤ
山
脈
ネパール
デリー
ヤムナー河
シュラーヴァスティー
カピラヴァストゥ
ルンビニー
モヘンジョダロ
ガンジス河
マトゥラー
アグラ
クシナガラ
カトマンズ
コーサラ国
ピプラワ
ヴァイシャーリー
サールナート
パータリプトラ
ナーランダー
バングラデシュ
ヴァーラーナシー
ラージャグリハ
バールハット
サーンチー
ブッダガヤー
ウッジェーニー
ロータル
カルカッタ
マガダ国
ガンジス河口
アジャンター
エローラ
ボンベイ
デカン高原
スリランカ
地名
仏教遺跡
現代地名

前5、6世紀のインド

バラモンとしての理想

新開拓地の中インドは食糧が豊富で、多くの遊牧民や出家者を養うことができたといわれる。とくに、真理を求めて家を捨て、宗教の世界に入った遊行者は、一切の生産活動を自らに禁じて、真理探求のみに専念しようとした。したがって、かれらは、生活の維持を在家者の布施のみに依存する乞食《こつじき》生活を送った。

当時（前六〜前五世紀頃）の宗教家は、バラモンとシュラマナ（沙門《しゃもん》）に大別できる。

バラモンは、すでに述べたように祭祀を司ることを職業とする僧侶で、ヴェーダ聖典にもとづく宗教を信奉している。祭祀を司ると同時に、宇宙原理のブラフマン（梵《ぼん》）と個人に内在する原理のアートマン（我、霊魂）とは本来一体であるという梵《ぼん》我一如《がいちによ》の哲学に心をひそめ、永遠の真理、不滅の原理を体験しようとした（一四三ページ以下参照）。

バラモンの多くは、この永遠の真理、不滅の原理との一体化を目指して、修行生活に入るのであるが、かれらは、この体験を得るために自分たちの生涯を四つの時期に分けた。四住期《しじゅうき》といって、学生期《がくしょうき》、家住期、林住期、遊行期《ゆぎょうき》という過程で生涯を送る予定を立てたのである。

学生期は文字通り学問を学ぶ時期である。ある古老のバラモンのもとに師事して、その師の身の回りの世話をしながらヴェーダ聖典を学ぶのである。七、八歳から十代半ばまで修学したのち、親もとに戻り、家業を手伝ったり、ヴェーダ聖典にもとづく祭祀を日々欠かすことなく行なう生活に戻る。そのうち結婚し、男の子供をもうければ、かれは後継者を得たことをもって、かつて学んだ宇宙の不滅原理を自らの体験を通して確かめたいという衝動に動かされ、出家することを考えるようになる。留守家族が、自分の出家後も経済的に暮らしていける見通しがつくと、出家し、森林に居住し、修行に明け暮れることになる。

これはまさに瞑想の日々を送る生活である。人里離れた山奥で、樹下や洞穴や岩上などで一人静かに瞑想しているバラモンは今日のインドでも実在している。かれらも古来伝え来った梵我一如の真理に契合することを念じて、修行しているのである。滝にうたれているのでもない、身体を痛めつける苦行を修めているのでもない。ひたすら静かに坐禅をしている。今日わが国にこのような修行者がいるだろうか。

林住期において梵我一如の真理にめざめ、体験を得たバラモンは、その真理と体験をもとに説法の旅に発つ。どこという目的はない。自ら悟った真理を人々に伝えるために遊行するのである。それは限られたものだけに伝えられるのであるから、まさに秘奥の教えといわなければならない。かれは遊行の果てに死ぬ。

このように悟りを開いたバラモンは、死を契機に最高原理であるブラフマンに帰し、それに抱かれて永遠の安らぎを得、ふたたびこの世界に再生しないことを究極の目的とする。かれらの修行の目的はこの世界の苦しみから解放されることであるが、それはこの世界にふたたび誕生しないことを意味している。これは次に述べるシュラマナたちの場合でも同じである。

諸子百家、ソフィストのような自由思想家たち

さて、バラモンに対して、もう一つの宗教家群にシュラマナがある。それまでのバラモン教が、神託の聖典崇拝、祭祀の絶対励行、生まれによる階級制度の尊重を進めてきたのに反対して出現した宗教家であり、思想家であった。かれらは、都市を中心にして王侯や富豪たちをねらって訪ね、政治的、経済的支援をうけていたことが知られている。かれらは粗衣をまとい、裸足で、布施で生活をする乞食の生活を送った。

かれらの中には王位を追われた者、逃亡した奴隷、借金を踏みたおして逃げてきた者、賤民《せんみん》、破産した者、生活に疲れた者など、さまざまな人々がいた。シュラマナとなってからも、好んで孤独に暮らした者、終生一人の師につかえた者など、その生活

は一様ではなかった。

しかし、大別すれば、放浪して乞食《こつじき》と教授の生活をする者と、森林に定住して自己研修と教授生活を送る者とがあった。かれらに共通する修行のあり方は、禁欲主義であり、瞑想主義であり、人間中心の道徳を説くことであった。

かれらの中には、独創的思想の持主として知られ、多くの門下生をつれていた人々もいた。そのような人々を「仲間をつれた人」あるいは「群れをなす人」と呼ぶこともあった。シュラマナが新しいタイプの宗教家であったことから、かれらを「自由思想家」と呼ぶ学者もいる。

前六〜前五世紀から前三世紀頃は、洋の東西にこのようなタイプの宗教者あるいは思想家が出現している。ギリシアでは、有名なプロタゴラス（前四九〇年頃〜前四二〇年頃）ほか、いわゆるソフィストが輩出している。中国でも諸子百家が現われている。その中でも後代に影響を及ぼすほど傑出していたのは、たとえば孔子、老子、孟子などの人物である。

かれらは、いずれも自由思想を謳歌した宗教者、哲学者であった。ギリシアのソフィストは「知恵を愛し、身につけている人」、すなわち、従来の伝統に批判的で、独自の思索をする人のことである。中国の諸子百家も自由な思想を展開した先生たちであった。そしてそれぞれ学派を形成し、弟子たちを養成している。

インドのシュラマナも自由思想を謳歌した実践家であり、中国の諸子百家と同じく、やはりそれぞれ学派を形成し、仲間を連れて遊行していた。

異端者としての自由思想家

「シュラマナ」の意味は、真理を求めて努力する人とか、遍歴する苦行者とか、道の人とかが考えられる。「沙門《しゃもん》」という訳語はサンスクリット語の「シュラマナ」、あるいはパーリ語の「サマナ」の発音をそのまま取り入れたものである。

シュラマナたちは世論の指導者であり、新しい思考方法と行動様式をもち、人々の尊敬と信頼を得ていた。しかし、かれらの思想は、既成宗教の伝統を軽視、あるいは否定したために異端説としてきめつけられたことも否めない。

シュラマナたちの学説は数多くあったらしい。六十二種あったと伝える文献もある。今日、有名なものとして伝えられているのは六種で、仏教文献の中では、「六師《ろくし》外道《げどう》」と呼ばれている。外道というと、なにか下劣な説とか一派を指すような軽蔑的な印象をうけるが、原語の意味からすれば、決してそうではない。

「外道《げどう》」のインド原語は、「ティールタカラ」である。その意味は、津を作る人、つまり渡し場や港を作る人ということである。これが宗教的な用語となって、人々（信者）の集まる場所、群れを率いて説法するところを作る人、あるいは聖なる場所を作る人という意味に転化している。一般には宗教改革者、あるいは宗祖という意味で理解される言葉である。したがって六師外道とは六人の宗教改革者、あるいは六人の宗祖という意味であって、「外道」は本来下劣、軽蔑などの意味はもたない。

その共通する思想

シュラマナたちに共通する思想の一つは、業《ごう》に関するものであった。業とはインドの原語で「カルマン」という。神を祭ることをいい、儀式そのものをも意味している。人生の吉凶禍福、子孫の繁栄などの祈願は、儀式によって神々に告げられる。いろいろの儀式を通してのみ、人々の願いが神々に達するのである。その祭祀儀式の司祭者がバラモンである。

バラモンが祭祀儀式を司ることによって、人々の願いは叶えられるわけである。司祭がなければ、神々の世界に生まれるとか、天に生まれるとかいう幸せの報いを受けることはないと、バラモンたちは教えている。そこで祭祀儀式を行なうことがすなわち善行と考えられ、人々はこの善行を執り行なうことによって、死後、天に生まれることができる、という信仰をもつようになった。

司祭の業が善因であり、それは生天《しょうてん》という楽果をもたらすという因果関係の思想が徐々に形成され、因果業報《いんがごっぽう》の思想が前九世紀頃のヴェーダ聖典の文献の中に現われてきている。

この因果業報の思想は古代インド人の信仰に強く根ざしていたのであるが、この思想を生みだした司祭の行為、つまり業の観念を頭から軽視し、無意味なものとして否定したのがシュラマナたちであった。シュラマナたちの思想には神の観念がなかった。神をもたない宗教であり、哲学であった。したがって、かれらシュラマナたちは神々を祭るという祭祀儀式を無意味な行為としたのである。

シュラマナたちのいう業は、司祭の行為ではなく、人間の日々の生活行為を意味するものであった。善因とは人の道に則《のっと》った行為そのものを善業とし、それが善因となって、報いとして楽果をもたらすという考えであった。その報いは神から受ける報いではない。神の判断、はからいによって受ける報いではない。シュラマナたちの因果業報思想は神の介在しない業報思想である点に注目すべきである。

もう一つ、シュラマナたちに共通する点は、現実的・感覚的、そして唯物的な思想を立てたことである。かれらは、それまでの形而上学的思想に対して、地に足がついたところから、今あるものを材料として人間の問題を解決しようと考えたのである。神を論ずるのでもない。宇宙創造を論ずるのでもない。つねに人間の感覚を通して、事実に即してものの本質を究明しようとした。

人や自然は神々や、宇宙の創造者が造ったものとは考えなかった。かれらシュラマナたちは、この世界には何かいくつかの要素があって、それが集合してこの世を構成しているのだと考えた。要素が集積してものは成立しているという説が一つの思潮をなしたのである。これはそれまでの一なるもの、あるいは神などから展開して世界は造られたと考えたバラモン教の考えに真っ向から対立する思想であった。

シュラマナたちの思想は、その意味ではかなり科学的な考えに立ったものといわなければならない。ヴェーダ聖典に叙述される神話的宇宙創造説はもう人々の知的要望に応えうるものではなかったのである。つねに人の側に立って、感覚を通して理解できる現実的なものでなければ、当時のインドの知識人の心を惹きつけることはできなかった。シュラマナたちはバラモン教のヴェーダ聖典至上主義の生き方を完全に否定したのである。

このシュラマナたちの一人として釈尊はいた。仏教の出自は、シュラマナの一人としての釈尊の立場を抜きにしては語れない。と同時に、この立場こそが仏教の性格なのである。

バラモン修行者に対立する新しいタイプのシュラマナといわれる修行者たちの中で、とくに後世に名を残しているシュラマナが六人いたことを、仏教の古い文献は伝えている。さきに紹介した「六師外道」である。かれらの学説は、人々の善悪の行為、つまり業はどのような形で果報をもたらすかを教えることを目的とした。端的には、いかにすれば苦しみから逃れ、永遠の楽しみが得られるのか、それぞれ独自に思索して唱えたのである。

仏教文献（長部《じょうぶ》経典巻一、『沙門果経《しゃもんかきょう》』）が伝えるところによって、六人のシュラマナの学説を簡単に紹介してみよう。

来世はない——アジタの学説

アジタというシュラマナが釈尊の同時代人として生存していたことを文献は伝えている。かれについて、文献は「毛髪の衣を着たアジタ」と述べている。毛髪を長く伸ばしていたらしい。かれの学説を要約すれば、次のようになろうか。

布施や供犠《くぎ》や祭祀などしなくてもよい。そんなことをしたからといって、とくに何か果報があるわけもない。この世もあの世もない。自分自身が、また霊魂が生まれ変わるわけもない。

人は地・水・火・風の四つの元素から構成されている。人が死ねば、肉体を構成する地は地界に帰り、血などを構成する水は水界に帰り、体温などを構成する火は火界に帰り、そして呼吸などを構成する風は風界に帰るので、すべての身体の諸部分は死して虚空《こくう》となる。死後はなにも残らない。

かれはこのように人の死後の世界を否定し、霊魂の存在をも否定した。その学説は、人を神の創造物とは考えず、物質的存在としての四つの要素から成るとした点で、インド最初の唯物論といえる。死後の存在を認めないことは、今世だけの生であるから、思いきり悔いのないように生きることを勧めることになる。楽しめるだけ楽しむがよい、あの世でこの世の報いを受ける道理はないというかれの主張は、結果として、快楽生活を勧めた傾向がある。

来世はある——パクダの学説

パクダもアジタと同じく要素論を唱えるが、かれの場合は、地・水・火・風の物質的要素のほかに、苦・楽・霊魂という三つの精神的要素を加え、七つの要素から人は構成されるという学説を立てた。

七つの要素は、神の創造に成るものではなく、これらから何かが産み出されることもない。それらは山頂のように常住《じょうじゅう》（永遠）であり、石柱のように堅く、安定している。不動で不変であり、相互にかかわりあうこともなく、独立している。これらは人々の間に苦や楽をもたらすような働きをするのでもないという。

このように七要素を説明している点で、かれは霊魂不滅を唱えているといえる。さらに苦と楽が不動不変であるとすれば、これも人の死後にも存続するのだから、人の行為（業《ごう》）の果報、つまり善因楽果、悪因苦果の因果業報があるということになる。つまりパクダは「来世はある」と説き、それは今世の行為の果報として要素という形で連続すると教える、安心立命《あんしんりつめい》の人生観を主張している。

生死の繰り返しで救われる――ゴーサーラの学説

ゴーサーラは賤民の出身である。前三八八年頃に没したとされているので、釈尊の活動した時代にはいなかったらしい。かれの率いる宗教団体はかなり有名だったようで、かれの没後も活動は続いたが、のちにジャイナ教に吸収されたといわれている。

ゴーサーラは、自然はある特有な運命に支配されている、と説いた。すべての生き物が輪廻《りんね》（一五六ページ以下参照）を続けるのは、とくに原因があり、条件があるからではない。生き物は何かを支配する力をもつものでもなく、意志の力をもつものでもなく、ただ運命と状況と本性に支配されて、いずれかの状態において苦しみと楽しみを受けるという。つまり神による創造はないし、人の道徳的な、とくに苦行主義的な行為に呪術的な効きめがあるというものでもない。

人は前世の宿命を反復して、宿命によって徐々に最終の解脱《げだつ》に近づく。宿命であるから、この定められた最終の解脱に至るまでの過程を、修行によって早めることは不可能であると説いて、次のような説明を残している。

じつに、このように桝《ます》によってはかり定められた楽と苦は、輪廻の中において、終わることもなく、また消長することもなく、増えることも減ることもない。ちょうど投げられた毛毬《けまり》が、毛糸が終わるまでほどけてゆくように、愚者も賢者も流転《るてん》輪廻《りんね》を完了するまで、苦しみが終わることはないだろう。

この説明からわかるように、人にはそれぞれ苦しみの量が決まっている。その苦しみは繰り返し輪廻する間に少しずつ減ってゆくので、いつかは完全になくなる。だから今苦しんでいるからといって、悩むことはない。それもいつかは必ず解決され、その苦しみの最後の生を受けたあとは、永遠の楽しみだけの生をうけると教える安心立命を主張した。かれの説を輪廻《りんね》浄化《じょうか》説という。

考えることを止めるがよい――サンジャヤの学説

サンジャヤは当時の大国であるマガダ国の首都ラージャグリハに住み、そこで伝道活動をした人物である。かれは、人の知識、判断を超えて感覚できない事柄に関する論議は、真実の実践のためにはなんら役に立たないといい、形而上学的《けいじじょうがく》問題に関する判断、および教授を中止した。また道徳的もしくは宗教的なあらゆる教理でさえも、論証し叙述する価値をもたないと主張した。

具体的には、来世はあるのか、生まれ変わった生き物はいるのか、善悪の果報はあるのか、人格の完成者（ブッダ）は死後存在するのかなどの問題が提示されると、かれは肯定とも否定ともつかぬ、要領を得ない解答を与えていたらしい。かれにいわせれば、そんな問題について論じ、思い悩むことが迷いであるから、すべてそれらに関する考えを中止せよという。判断を中止すれば、そこになんの迷いがあろうかというわけである。

人は来世のことをとくに思い煩うためにかえって自分の現在の足もとを見失いがちであるが、サンジャヤはわれわれに形而上学の問題を考える前に自分の脚下《あしもと》をよく見つめて、その上に立ってものを見、考えるべきことを教えているといえる。

善悪の業報などありえない――プーラナの学説

プーラナは釈尊在世時代に活躍した人物である。かれはかなり激しく道徳一般を否定したことで有名である。

善悪の区別は人間がかりに定めたものにすぎない。それは本来なかったもので、これが善だとかこれが悪だとかいうのは、所詮、人がその場、その時、その状況によって判断したことにすぎないとする。

文献では、かれのいったこととして、人を殺害しても、盗みをしても、他人の家に侵入して物を掠奪《りゃくだつ》しても、他人の妻と通じても、嘘をついても、それらを悪いことだと決めつけることはできない。たとえ剃刀《かみそり》の刃で生きものの体を切り刻んでも、これが悪行だともいえないし、またそれによる悪い果報を受けることもありえないと伝えている。かれは善因楽果、悪因苦果の業報の観念を真っ向から否定したのである。

なぜこのような学説を主張したのか、真意を伝える資料が乏しいので理解に苦しむのであるが、おそらく常識的な道徳というものに縛られた人生観を打破することに目的があったのではないだろうか。Aという行為をすれば、A′という果報を得るということがいかにも決まっているかのような因果業報説で割り切れる現象が世の中にあるわけがない、というのであろう。

よく世間には悪いことをしていながら楽果を得て一生を終わる人もいる。逆に善行を続けていても苦果に甘んじる人もいる。善因楽果、悪因苦果という決定的業報関係が必ずしも存在しないとすれば、プーラナの学説も決して簡単に一蹴できないところをもっていた、といわなければならない。

見方を変えれば苦も楽——ニガンタの学説

ニガンタはジャイナ教の教祖として知られ、マハーヴィーラ（偉大な英雄）とかジナ（勝者）とかいう尊称を得ている。かれはクシャトリヤ階級の出身で、釈尊と同時代人である。かれの没した年代について今日まで定説はないが、前三八六年、三七六年、三七二年などの説がある。いずれにしても前四世紀半ばまでに活躍した人物であることは間違いないであろう。

かれの思想の根本的立場は、知識の問題に関していえば、ものごとを絶対的あるいは一方的な面から判断してはならない、というのである。ものごとはいろいろな立場から考えられるから、多方面にわたって考察すべきである。そこで、ものごとを判断する場合は、「ある点から見ると」という条件的制限をつけて考えなければならない。

たとえば、ものを見るとき、その実体、あるいは形式の面から見ると、常住といえるが、その状態あるいは内容の面から見ると、無常といえるからである。だから、ものは見方によって常住ともいえるし、無常ともいえるので、一方的判断を下すことはできない。つねにものの判断は相対的に下し、相対的に表現し、相対的に理解すべきである、という。このような立場にもとづいて、さきのサンジャヤの懐疑論の立場を超えることができたといえる。

ニガンタは人間の苦しみの原因と、それからの解脱を説くために、次のような形而上学的考え方をした。

かれは宇宙の構成を霊魂と非霊魂の二つのものによるとした。ここの霊魂とは、インド哲学一般にいわれる唯一普遍で常住のアートマンに類似するものであり、各々の個体の内部にある生命力を実体的に見たものである。したがって、それぞれの生き物に固有な霊魂があるという、多くの実体的個我を認めた多我説をジャイナ教は教えたといえる。

一方、非霊魂には運動の条件、静止の条件、虚空、物質の四つがある。世界はこの四つに霊魂を合わせて、五つの実体から成ると考えられ、これらはみな点の集まりとされた。非霊魂の中ではとくに物質が問題である。これは無数にあり、多くの物体を構成し、場所を占有し、その他いろいろの特色をもつが、活動性と下降性をもつ点がとくに注目される。

霊魂は上昇性をもつのに対して、物質が身・口・意《こころ》という三つの行為（業《ごう》）の力によって霊魂の周囲に付着し、霊魂を肉体内に閉じ込めて、上昇しないようにしているという。これが霊魂を束縛し、その本性を覆っている状態だとする。これを繋縛《けばく》と呼んでいる。この繋縛のために、霊魂は地獄・畜生・人間・天上の四つの迷いの世界を輪廻し、苦しみ続けるわけである。

この繋縛からの解脱を得るために、そして霊魂が自在と安らぎを得るために、苦行を行ない、過去の業を断ち切り、新しい業の付着を防ぐ修行が必要となる。ジャイナ教修行者は、肉体の勢いを衰えさせるために、断食やその他の厳しい苦行をする。そのために死ぬことがあっても、たとえば断食による死はきわめて称賛されるのである。とにかく、業の繋縛からの解脱が求められたのであり、肉体の壊滅が達せられると完全な解脱が得られると教えている。

これら六人のシュラマナ、つまり自由思想家たちは新興都市を中心に、王侯・貴族・富豪の政治的・経済的支持を受けて、活発な活動を展開した。かれらは衆徒を率い、団体の長であり師であった。有名でもあった。そして多くの人々から尊敬されていた。出家者であり、修行経験も豊富であったと伝えられる。これは仏教の開祖、釈《しゃく》尊《そん》の場合も同じであった。

2　釈尊の立場と伝道

修行者釈尊

釈尊《しゃくそん》の誕生地カピラヴァストゥは、現在の南ネパール領中央、インドと接するタラーイ盆地のティラウラコットがその場所だといわれている。しかし近年ピプラワで の発掘によれば、ピプラワがカピラヴァストゥの古い場所であったとも考えられている。当時の大国コーサラ国の属国と考えられるシャカ族の首長の長子として前四六三年に誕生、前三八三年に入滅。八十年の生涯を送ったと考えられている。

誕生後、母と七日目に死別、以後、父の後妻となった、母の実妹に育てられる。実母の顔も知らず、実母の愛情も経験せずに一生を送った人である。種族の首長としての父をもつ身の上であったから、将来の後継者として期待され、人一倍の教育を受けたのであるが、人生問題に悩み、その苦悩の解決のために、親も妻子も、そして将来約束されている地位も名誉も、すべて投げ棄てて出家した。つまりシュラマナの仲間に入ったのである。

かれは、バラモンに就いてヴェーダ聖典の教えを学んだ。またバラモンのヨーガについても学んだ。出家する以前にヨーガを実修したことを、かれ自身、述懐している。しかし、かれはそれらに満足できなかった。

かれは何かをその手につかみたかったのだ。何か新しい道を発見し、そこに人生の永遠の道しるべとなる光を見つけたかったのだ。ぼろの衣をまとい、断髪し、断食したり、瞑想したり、肉体の限界まで修行に励んだのである。

ぼろの衣を着、そして断髪の姿でいる修行者は、バラモンの修行者にはいなかったようである。バラモンの修行者は、ほら貝の髪形をしており、決してぼろ衣をまとわなかった。シュラマナは、この外形的な面でもバラモンとははっきり区別し、一線を画する反伝統的姿や形を示していた。その点でも釈尊は非正統の修行者であった。

肉体は不浄なものと考えた古代インド人は、不浄な肉体を衰えさせて、奪われた精神の自由を取り戻し、精神の純粋性を顕現させようとして、苦行（タパス）を奨励していた。釈尊も当時の修行者が行なったその苦行を六年間にわたって実修した。しかし、それも永遠の安らぎを得る方法ではないと悟った。考えてみれば、それは肉体をただ痛めつけ、疲労させて、死に至らしめるだけの修行でしかなかった。

釈尊は、苦行によって死に至ることが称賛される風潮に疑問をもち、死んでしまってはこの身で安らぎを体験することはできないと考えた。生きながらにして安らぎを得るには、肉体も精神も一つに考え、それぞれが健康でなければならない。肉体が衰えれば精神も鈍ってしまう。そこで釈尊は物心二元論に立って人間を考えることを止めた。当時の修行者たちの中にあった物心二元論のうえに立った修行の方法を捨てたのである。

かれは苦行する前に本格的にヨーガを学んだ。しかし、そのヨーガでさえ、考え直すべき点を指摘したように思われる。修行生活に入った当初、当時高名な二人のヨーガ行者のもとで伝統的な最高のヨーガ禅を学び、体験したが、これもたんに禅定《ぜんじょう》(瞑想)のための禅定というか、最高のヨーガ禅の境地を享受するだけのヨーガ禅をしていることに満足できなかったのである。たしかにすぐれた最高の境地を体験できるのだが、それは、半死半生の仮死に近い状態であった。その境地と状態に至ると、四肢の動きがなく、日常生活ができない。人と話もできない。人の悩みを聞くこともできない。大小便の用も足せない。

ヨーガ禅だけで世界の真理を発見することはできない。真理を知るためには智慧を身につけなければならない。ヨーガ禅は心の鍛練であって、それだけで真理をつかみうるものではない。真理は論理的な思考の積み重ねのうえに、実践を相乗して得られるものであり、ただヨーガ禅さえしていればよいわけではない。ヨーガ禅に加えて、論理的な構築を智慧の眼をもって行なって、はじめて真理が把握されると釈尊は考えた。

真理の発見

かくして釈尊は、当時行なわれていた既成の修行である苦行とヨーガ禅を捨てたが、その修行方法自体を否定し、捨てたのではない。方法形式は受け継いだが、その修行の内容と目的に不満であったのだ。かれは、そのために、ヨーガ行者のヨーガ禅を捨て、当時の修行僧には考えられなかった牛乳を飲むという行為を、あえて行なった。

かれは苦行を捨て、村娘から牛乳をもらって飲んだことで大いに非難された。牛乳を飲むことは修行者の堕落と見る当時の考え方に、釈尊は真っ向から反抗したのだ。身体に栄養を与えなければ、どうして厳しい修行に堪え、真の悟りを得ることができようか。

釈尊はこれを契機に英気を養うつもりであったと考えられる。元気を回復した釈尊は、それまでの禅定至上主義の方法を捨て、真理の探求と生死の苦しみからの解脱を求めて、場所を変えて、一人で修行の日々を送った。

出家後六年目に、太陽暦では十二月八日の早朝の明星を見て開悟した。いつもの明星ではあるが、その朝に限って釈尊の心の闇を払うきらめきの明星であった。自信をもって確認した真理とは何であったのだろうか。

それは「法」（二一四ページ以下参照）であったと考えられている。あらゆるものの規範となり、秩序となり、規矩準縄《きくじゅんじょう》となり、いつの時代にも、誰にも支持されるものである。「法」によって縁起《えんぎ》（二六九ページ以下参照）の法則が啓示される。縁起の法則は釈尊によって発見される以前からあったもので、かれによって案出された思想や法則ではない。しかし、釈尊はその法を悟り、体得した唯一の人であった。

バラモンに見切りをつけた神の要請

悟りを開いた後も、釈尊は、いまここに体得した宗教的神秘体験と、発見した真理を、人々にどう伝えようかと考え、しばらくの間、菩提樹のもとに坐禅し続けた。しかし、人間の言葉をもってこれらを伝えることは、不可能に近いものであった。と同時に、釈尊の頭の中には、これを説明しても、人々はその内容の意外性と、未聞《みもん》のものであることから、理解しうる力をもつ者がいないだろうという大きな不安があった。かれは伝道すること、他に伝えることを断念し、自分一人だけの悟りとして、涅《ね》槃《はん》（悟りの安らぎの境地、この場合は死を意味する）に入ろうと考えたといわれている。

そのとき、自分の中にもう一人の自分がいて、出家当初の気持を忘れたのかと叱りつけている。「すべての苦悩する人々は迷信と呪術に頼っている。人生の正しい道を見失った人々を救ってやることが、自分の究極の願いではなかったか。それをここで断念することは、苦悩する人々を見殺しにすることである。いま立ち上がって正しい道、真理を人々に説き示し、聞かせよ！」という声が釈尊の内面からあがった。

この辺の事情を語るために、釈尊の伝記では梵天《ぼんてん》（ブラフマン）を登場させて、人々のために自ら体得した宗教的神秘体験と真理を開示するように、釈尊に要請させている。

梵天は、釈尊以前から、バラモンばかりでなく、民衆によって信じられてきた宇宙の創造神であり、宇宙の本源としての絶対神である。バラモン教の中心的信仰対象の神である。その梵天が説法を勧請《かんじょう》したという設定は、すでにバラモンの宗教では人々を救えないことを梵天が知って、バラモンを捨て、釈尊に世界救済を依頼したことを意味している。つまり、新しい救世主の到来を梵天が期待していたばかりか、民衆もブッダの来臨を願っていたというように仏伝は記述している。しかし、実際に伝道教化の方向に釈尊の心を向かわせたのは、この記述の通りではなかったと想像される。

かれは、どうすれば自分の思想を人々に伝えることができるかと、深く悩んだに違いない。誰にまず伝えようか。誰が理解してくれるだろうか。たとえ理解しても信じてくれるだろうか。考えれば考えるほど不安な材料ばかりであった。自分の思想を人々に納得してもらわねばならない。自分がわかっているだけでは不十分だ。これが正しい教えだという確信があっても、人々が理解し納得してくれなければ世間には通用しない。一つの教え、あるいは思想は、公開の場における自由な討論に堪《た》え、だれでも納得するものでなければならない。さらに理解されても、それが信じられ、帰依され、人々の共有する信仰の中心になるものでなければ意味がない。

巡礼の地ヴァーラーナシーへ

釈尊はガヤーの菩提樹下の座を起ち、伝道の旅に一歩を踏み出す。向かうところはヴァーラーナシー（ベナレス）であった。なお、釈尊が悟りを開いた地は、後にブッダガヤーといわれるようになる。

ヴァーラーナシーは聖なる河ガンジスに沿って点在する町々の中でも、もっとも聖なる町だと考えられていた。現在でもそう信じられている。この河で沐浴すれば、あらゆる罪障と汚れは浄められ、死後、天に生まれるという信仰がある。つまり巡礼の聖地で、多くの巡礼者が一生に一度は必ず立ち寄るべきところといわれている。

ここには多くの宗教者も学者も集まってくる。古代から、ここはバラモンの蝟集《いしゅう》しているところとして有名であった。このヴァーラーナシーを目指して釈尊は急いだ。かれもいまは三十代半ばの壮年修行者、武者修行の剣士の心境であったか。

ヴァーラーナシーへの途中、当時有名なアージーヴィカ学派のシュラマナ、ウパカに出会う。この学派は先にも紹介したゴーサーラの学派で運命論を説いた。この学説を信じていたウパカに釈尊は自分の考えを説明したが、ウパカは「ウン、そうか」という程度で相手にしてくれなかった。共鳴しなかったのである。説明の方法が未熟だったのか、釈尊は最初の伝道に失敗した。しかし、ウパカは後になって釈尊に帰依し弟子となった。釈尊は、結局のところ、ゴーサーラを超えた思想をもっていたと考えてよいだろう。

ヴァーラーナシーにたどり着くまでに、釈尊には一人も弟子がつかなかった。おそらく数人のバラモン、あるいはシュラマナたちに出会っていたであろうが、文献には何もその辺の事情の記述はなく、すぐにヴァーラーナシーの郊外にあるサールナート（鹿野園《ろくやおん》のある処）の場面となる。

サールナートはヴァーラーナシーから東北方約七キロメートルの地点にある。ここは古来、「リシ・パタナ」（聖者の立ち寄る処）と呼ばれ、聖者が集まり、修行と説法をする溜まり場であった。ここに来てまず自分の思想を披露し、バラモンやシュラマナたちと討論し、自分の宗教体験の優劣を確かめることは何にもまさる試験となる。

初めての弟子

サールナートで、かつて修行の伴侶であった五人の友人に遭遇した。じつはかれら五人は、ラージャグリハ（王舎城《おうしゃじょう》）郊外に住むヨーガ禅第一人者として有名であったウッダーラカというヨーガ師の弟子であった。釈尊もこのヨーガ師に師事したことがあるが、そのもとを去るときに、釈尊の優れた器量を慕って飛び出して来た仲間たちである。しかし、五人は修行半ばにして、釈尊と修行に関する意見を異にし、別れていた。

ここサールナートでの再会は何年ぶりであったか。釈尊は五人のヨーガ禅修行者たちに「法」を説いた。かれらはその優れていることを認め、ついに弟子となった。釈尊はバラモンたちが修行した伝統的なヨーガ禅の実践思想に勝ったのである。はじめて弟子を得た。ここで自他ともに認めるブッダ（真理にめざめた人）となったことになる。

釈尊の説法の方法について説明しておく必要があろう。真理や体験の啓示にはもちろん言葉を用いる。しかし、インド社会では、どの言葉を用いるかが問題である。バラモンたちの使うサンスクリット語で話すのか、それとも民衆の俗語で話すのか。教養のない者の多い当時のこと、もし民衆に話すとすれば、バラモンの言葉では通じない。

釈尊は、五人の弟子を得たころはマガダ国にいたので、その地方で話されていた俗語をいくつか用いたと考えられる。現在、釈尊がどんな言葉を用いて説法したかをはっきりと知ることはできないが、おそらくバラモンに対してはサンスクリット語を、その他には俗語をという区別はなく、通して俗語を用いたと思われる。弟子たちにも、それぞれの土地で用いられる言葉で法を説けと教えている。このことからも、釈尊の説法の対象は、一般民衆であったことがわかる。また釈尊は多くの身近な譬喩《ひゆ》を用いている。その実例は古い仏教文献にいくらでも見出すことができる。

民衆への説法の意義

以上のように、釈尊の伝道の特徴は、一般の多くの民衆を相手にしたことにある。上層階級の宗教家やインテリだけが対象ではなかった。自分の前に現われた人は、カーストにも生まれにも関係なく、だれであろうと説法の相手であった。迷える小羊であった。

釈尊は、菩提樹下の座を起ってから、最初に二人の行商人に出会っている。そしてかれらから供養を受けて、悟ったばかりの「人の道」を説いて聞かせている。通りすがりの行商人に説法するなど、また秘奥の「法」を伝えるなどは、当時のバラモンたちには考えられないことであった。その二人がかれの思想を実際に理解しえたかどうかは別にして、とにかくだれにでも説法を聞く権利と機会を与えたことは、当時のインドでは画期的なことであった。

釈尊は、このように教養人も文字の読めない者も、富豪も貧者も、善人も悪人も、老若男女あらゆる人々を説法の相手とした。したがって説法には用意周到な方便《ほうべん》が用いられている。それは相手の性質、能力に相応した説法、つまり対機《たいき》説法であり、応《おう》病与薬《びょうよやく》の説法である。

これは、秘密裡に行なわれるのを常としたバラモンたちの真理伝授の方法とは対照的である。

バラモンの師は、真理の極意は愛弟子・妻・実子などにしか伝えなかった。また、説法の対象もごく限られたインテリで、それを一般大衆に公開し、開示することはなかった。バラモンの世界で秘密に伝えられる聖者の教え、世界の真理についての教えは、一般大衆にとって無縁のものであった。自分の得た宗教体験と世界の真理について、公の場で一般大衆に平等に開示説法するなどは、当時の宗教界では社会通念上も考えられないことであった。

多くの人々を伝道の対象にし、宗教教義を公開した釈尊の方法は、当時としては画期的なもの、バラモン社会の対極に位置するものであった。

火の宗教を制す

五人の弟子をつれた釈尊は一人前のシュラマナとして世間に通用するようになった。勢いを得て、伝道に励むことになる。

当時、マガダ国には、ビンビサーラ国王をはじめ、多くの民衆の支持を受けて信仰されていた火を崇拝するバラモンの宗教があった。これを率いる宗祖はカッサパ（迦《か》葉《しょう》）と呼ばれる三人の兄弟であった。上から五百人、三百人、二百人の弟子を得ていたといわれる。かれらはバラモンであった。

火の崇拝はバラモンの宗教特有のものであるが、この宗教のリーダーのもとに釈尊は向かう。まずウルヴェーラに根城《ねじろ》を置いて活動していた長男のところに行き、宗論を闘わすことになった。

当時、宗教家というのは、特殊な呪力を所有している者が優れているとされ、その者が尊敬される傾向があった。二人はそれを競ったのである。これは釈尊の勝利となった。長男はゴータマは優れていると述べ、弟子となる。当然、かれの弟子五百人も全部釈尊に帰依《きえ》した。連鎖反応のように次男、三男たちも弟子たちと一緒に釈尊のもとに改宗することになった。

釈尊の思想は火の宗教を制したのである。伝統的なバラモン教の修行者たち、それも大国マガダ国で多くの信者を得て伝道活動をしていたかれらの宗教が、それまでだれも知らなかった、わずか五人の弟子しかいないシュラマナ釈尊のもとに集団改宗したのである。

これは一大事件であったと考えられる。千人が一度に帰依したのである。現在に場面を置き換えて考えてもよい。わが国で二大既成教団といえば浄土真宗と曹洞《そうとう》宗であろう。この中のある一派のグループ一千有余人が、五、六人しか弟子がいない新宗教教団の教祖のもとに集団改宗したと考えてみればよい。

のちの仏教文献で、釈尊の弟子の人数として決まって示される数字は千二百五十人である。この数字は原始仏教教団の修行者の構成メンバーとして、一定している。千二百五十人の中の千人は三人のカッサパ兄弟たちの人数である。

このことからも、このカッサパ兄弟の帰依が仏教教団にとってどれだけその発展の大きな推進力となったかがうかがわれる。

国王の帰依を得る

カッサパ三兄弟ほか弟子たちが釈尊のもとに集団改宗した事件は、マガダ国王ビンビサーラに大きな衝撃を与えたことはいうまでもない。自らも火の宗教を信仰し、なにかと援助していたのであるから、そのリーダーが改宗したとなれば、国王も内心穏やかではなかったと思われる。

ビンビサーラ王は釈尊と同年齢であったようで、以前、釈尊が出家してまもないころ、はじめてラージャグリハに来たころに二人は出会っている。そのとき、王は釈尊に、将来、悟りを得たら、教えを聞かせてくれ、といって別れている。

いま、釈尊は時の人であった。ビンビサーラ王は、バラモンや資産家たちをつれて、釈尊が修行しているガヤーのガヤーシールサ山（象頭山《ぞうずせん》）に向かった。王からカッサパ三兄弟たち千人を帰依させた理由、優れた点は何かと尋ねられたとき、釈尊は長男のカッサパにそれを語らせている。バラモンのカッサパに語らせれば、訴える力、印象づける力が大きくなる。

王はそれを聞いてあらためて説法を聞くために釈尊を招待した。招待の場所として、寺院（精舎《しょうじゃ》）が建立された。これが有名な竹林《ちくりん》精舎である。釈尊ははじめて伝道の拠点を得たのである。王の庇護《ひご》のもとに活動ができるようになったことで、多くの民衆の支持も受けられるようになった。これをきっかけにして、多くの王族、商人、手工業者などが釈尊に帰依した。とくに国王の帰依は、古代インドで王権がしだいに強大になりつつあったときだけに大きな意味をもっている。

不可知論を乗り越える

千人余りの弟子を擁する釈尊の教えが急激な発展を見せたのは、悟りを開き、伝道活動に入って一、二年経ったころと推定される。弟子たちも方々に散って教化活動をしていたのであろうが、釈尊はしばらくの間、マガダ国のラージャグリハに伝道の拠点を置いていた。

ある日、釈尊の弟子の容姿を見て、一体だれに就いて修行してその安らいだ風貌を得たのかと考えた者がいた。歩み寄り尋ねてみると、釈尊の弟子で、縁起の法についての教えを受けて修行しているという返事を得た。これを聞いたかれは、すぐに釈尊のもとに行き、教えを乞う。その場で帰依し、弟子となる。

この人はマウドガリヤーヤナ（目犍連《もっけんれん》）という。さきに紹介した六師外道の一人サンジャヤの高弟である。もう一人の高弟シャーリプトラ（舎利弗《しゃりほつ》）もマウドガリヤーヤナに続いて教えに帰依し、弟子となっている。これら二人の高弟が釈尊に帰依したために、その他の二百五十人の弟子たちもこぞって釈尊の弟子となってしまった。一人になった師サンジャヤは血を吐いて自殺したといわれている。

サンジャヤは、先述の通り、形而上学的問題については思考を中止せよといって、不可知論の立場にあったシュラマナである。この二人の高弟のほか二百五十人を擁していたことから、当時の人々にかなりの支持を得ていた学派であったと考えられる。この学派の二百五十人が集団改宗したことも、また一大事件であったといえる。この学派の知的論理のレベルは相当高いものであったと考えられるが、文献にはその学説の全貌を伝えていないので知る由もない。ただ、かれらがシュラマナ群の中でも有力な一派であったことはうかがえる。というのは、仏教教団の千二百五十人という数字のうち、二百五十人はこのサンジャヤの弟子の数字だからである。

カッサパ三兄弟とサンジャヤ学派の集団改宗という、この二つの大きな事件によって、仏教教団は当時の確固たる宗教として認められるようになり、一層発展するのである。

なぜ、マウドガリヤーヤナ、シャーリプトラは釈尊に帰依したのか。明確な解答があるわけではないが、次のような説明が考えられる。

当時、「来世はあるか」「来世に生まれ変わりはあるか」「善悪の果報は来世にうけるか」「ブッダは来世に生まれ変わるか」などの問題が、多くの哲学者や宗教家たちによって論議されていた。サンジャヤは、それらは来世の問題で、人の知識の及ばないところであるから、論じるに値しないと考えた。

たしかに死後のことについて誰でも教えてくれた人はいない。死後の世界についての文献もない。書かれていても経験の上で伝えたものではない。想像の域を出ない。そこでサンジャヤはそんな形而上の問題についての思考は停止することをよしとした。

だがマウドガリヤーヤナ、シャーリプトラたちは、来世のことはたしかにわからないかも知れないが、わからぬというだけで、来世についての思考を停止することはおかしい、と考えた。なぜなら、この生存のなんらかの連続として死後があるとすれば、そこに何かの説明ができるはずであり、それを、ただ人知を超えたところといって思考を放棄するだけでは、一体いまの修行は何のために行なっているのか、ということになる。

もし修行が完成して解脱を得たなら、その人は輪廻界に再生しないという。その解脱を求めてみな修行しているのであれば、当然、来世のあることが予想されている。だから再生の有無を教えているのである。もし修行が完成しないで解脱を得られない人がいたら、その人はまた輪廻界に再生することになる。これも来世を予想している。この疑問がかれらには常にあったと考えられる。

釈尊も来世についての論議は好まなかった。なぜか。ただ来世があるといえば、その実態を説明しなければならない。経験がないのにそれを説明することは不可能である。といって、来世はないとはいえない。今世における修行の意義と、その目的である解脱の意義とがかみ合わなくなるからである。ただ釈尊は来世に関する一切の問題について、解答を与えなかった。それは答える必要がなかったというより、因果の道理の上からすれば、おのずから解答が与えられるからである。

釈尊は縁起の法則をもとに説明する。ものはすべて原因とそれに付随、付加する条件との相乗作用によって結果するというのである。どんな原因も一定の結果を生むとは限らない。結果はその原因に与えられる条件によっていかようにも変化するのである。ものは原因と条件（縁）との関係で生成し、消滅するという法則を釈尊は「法」と見た。

原因と条件（縁）がそろえば、結果はそのそろい方に従って善くも悪くも、多くも少なくも、大きくも小さくも、長くも短くも、明るくも暗くもなる。いまの自分があるのも何かの原因と条件との相乗作用によってあるのだが、みずからその原因と条件を熟知しているわけではなし、知る由もない。だがそれら相乗作用によって今の自分がある。この厳然たる結果は自分の知らない原因と条件によって培われてきたものである。この道理を否定することはできない。

これと同様に、いまの自分がさまざまの行為を日々積んでいる。この積み重ねによって生み出される結果は何であるかも自分のまた知ることができないところである。原因と条件の相乗作用によってもたらされる結果は早く感受するのか遅く感受するのか、それもわからない。今世で感受するか、あるいは死後にもち越されるかも、いまだ自分にはわからない。

生きている間のことでありながら、ものの結果を推量できないから、来世で感受する結果はなおわからない。といって来世のものがわからぬといって否定する証拠は何もないのではないか。

このように考えると、いまの自分といまの修行はまさに原因と条件となり、これが何かの結果を早くであれ遅くであれ、今世であれ来世であれ、もたらすことは考えられよう。この意味でサンジャヤのように形而上学的問題に思考を停止するだけの学説は思想的に十分ではなかったといえる。

要するに釈尊の立場は、つねに縁起の「法」をもとに思想を述べている。この点で釈尊は「法」の立場からサンジャヤの学説を超えたのである。

つねに「道の人」を貫く

マウドガリヤーヤナ、シャーリプトラたち二百五十人の帰依を得たことによって、釈尊の「道の人」(八正道《はっしょうどう》を体現した人)としての立場はゆるぎないものとなり、伝道活動の範囲はさらに広がっていった。

出家後九年目に、生まれ故郷カピラヴァストゥに向かい、ここでまた多くの弟子を得る。このとき女性の出家者が現われ、尼僧《にそう》教団が誕生した。このような尼僧教団を認めたことは、インド有史以来かつてないことであった。革命的出来事と考えなければばならない。

インドでは古来より女性の地位は低く、男性と対等に修行し、説法を聞くなど考えられないことであった。当初は少数であったと思われるが、彼女たちも男性と同様に頭髪を剃り落とし、シュラマナの姿になった。

釈尊が尼僧教団を認めた決断の裏には、「法」のもとにはいかなる者も平等であるという信念があった。神の前にではない。神の前では人は不平等に取り扱われていた。しかし「法」の前ではみな差別がなかった。つねに「法」を説く「道の人」であったからこそ、できたはからいである。

またカピラヴァストゥでは、ウパーリという賤民をも弟子にした。かれは王宮専属の理髪師であった。理髪業は当時、賤民の職業とされていたが、釈尊はその職業に従事するウパーリが弟子になりたいという申し出を受け入れた。これもまた革命的処置である。教団の中に入れば、どんな身分の者でも平等に交際しなければならなかった。

釈尊は娼婦との交友もあった。娼婦の帰依を受け、その家にも招待され、その供養《くよう》を受けた。賤しい身分としての遊女のところに高貴なる人ブッダが、それも昼間、民衆が見守るなか、出かけて行くなど、一般には考えられないことである。今日でいえば、ある本山の最高位にある高僧が、どこか遊女のところに昼間、墨染《すみぞめ》の法衣《ほうえ》を着て行くことを想像してみればわかるだろう。

お忍びではなかった。文献にはっきりと記述し、伝えていることは、それが釈尊の立場を損なうものでなく、そのこと自体、釈尊の立場の真意が何であったかを示すものにほかならなかったからではないか。ここにも「法」を説く「道の人」釈尊の面目が躍如として示されている。

釈尊の伝道はクシナガラで八十歳をもって終わるが、最後は賤民のチュンダが供養した豚肉の料理を食べて、腹痛と下痢に苦しみ、ついに入滅したとなっている。ここでも賤民の供養が文献に大きく取り扱われている。*

豚肉を食べたこと自体も問題となるが、それよりもっと注意すべき点は、その料理を食べて、すぐに激しい腹痛を感じたことである。その料理は少し傷《いた》んでいたのではなかったかと思われる。当然鼻をつく臭いがしたはずである。それがわからなかったわけではなかろう。

仮りに傷んだ料理であったとしよう。なぜそれを釈尊は食べたのだろうか。

もし、それを食べなければ、チュンダから、賤民の供養だから受けないのではないかと疑われることを心配して、釈尊は傷んでいるとは承知していながらあえて口にしたのではないかと考える。チュンダは鍛冶工であった。かれが高級な新鮮な料理を出せたわけはなかろう。精一杯の気持を表わしたのであろうが、賤民の生活の中から供養する料理は、今日のわれわれからは想像を超えるまずいものであったと思われる。釈尊はこれを食べたのである。「道の人」は人をみな平等視したからである。チュンダがその供養によって善根を積むとすれば、それこそ、かれの救いとなる。憐《あわ》れみのあまり釈尊はその供養を受けたといえまいか。

この事件は、釈尊が特別な身体の持主でなかったこと、奇跡や神通力を使う人でなかったことをも示している。「法」に従って人の道を説き、その道に従って生きた「道の人」にすぎなかった。

臨終に際し、釈尊は自分は「正理《しょうり》（正しいことわり）と法にそって歩んで来た」と述べ、そこにこそ「道の人」があると結んだ。自分の説示した教えを頑なに実践せよと勧めもしなかった。また自分を教団の指導者だと述べたことも、考えたこともなかったという。

＊　釈尊は食中毒にかかって亡くなっているが、じつはその死因は古来、きのこ料理であったか豚肉《ぶたにく》料理であったかいまだに論議されている。それは原典にあるスーカラ・マッダヴァということばの意味の解釈に

ある。これをある学者は乳粥《ちちがゆ》に似た柔らかな米飯であるといい、ある学者は不老長寿の薬を調合したものという。注釈書では野豚《のぶた》の生肉であるとか、野豚が好むタケノコであるとか、一種の薬草であったとも書いている。漢文の経典では「栴檀耳《せんだんに》」（栴檀樹に生えたきのこ）と訳したものもある。しかし多くの場合は「食物」と訳しているので、後世になってこの言葉の意味がわからなくなった。

スーカラ・マッダヴァのスーカラとは豚肉という意味で、マッダヴァとは柔らかいという意味である。したがって柔らかい豚肉が通俗的な語源解釈となっている。

しかし「栴檀耳」という解釈を重視して、「毒きのこ」と主張した学者がわが国だけでなく、諸外国にもいる。いずれの料理であったかはいまだ定説はないが、釈尊にもし豚肉料理を差し出したとしたら、修行者の肉食禁止を破ったことになる。といっても釈尊自身が肉食禁止に必ずしも賛成していなかったといわれるので、肉料理を食べたとしても不思議ではない。

いろいろと論議されているが、一、釈尊が亡くなったクシナーラーの辺りで豚が特殊なきのこを見つけること、二、パーリ語で書かれたお経の注釈書の中に「きのこ」と解釈する説が示されていること、そして、三、漢文で訳されたお経の中に「栴檀耳」という訳があることなどを理由にあげて、中村元博士はスーカラ・マッダヴァは特殊なきのこと解釈してよいだろうと述べて「きのこ料理」を食べて釈尊は亡くなったと述べておられる。（『ゴータマ・ブッダ Ⅱ』中村元選集〈決定版〉第十二巻、二六四頁を参照されたい）

3　過去の因習を超える

バラモンの堕落

仏教が興ったころの古代インド社会では、バラモンたちはどんな生活を送っていたのだろうか。

バラモンたちの生活の中心は祭祀《さいし》であった。祭祀を正しく、日々規則正しく行なうことがバラモンの生活であり、それを抜きにしてはバラモンの生活はなかったといえる。かれらは呪文を唱えて犠牲《いけにえ》を捧げることを義務としたが、同時に、祭祀を楽しんだともいわれている。

バラモンの祭祀には火を欠かすことはできなかった。火の崇拝がバラモンの宗教であった。その意味でバラモン教は、火の祭祀を中心とする宗教であるということができる。火は供犠《くぎ》者と神とを仲介するものであり、供物《くもつ》を運搬するものであると考えられていた。当初、火は悪霊を遠ざける浄化の意味をもち、魔力を有するという信仰があり、それから火を祭るということが起こったと思われる。

バラモンは、火の祭祀を中心としたほか、いろいろの祭祀を行なった。馬の祭祀（勝利の凱旋《がいせん》を祝い、馬を供犠とする祭祀）、人間の祭祀（人身御供《ひとみごくう》のこと）、ソーマ（人を酔わせる飲物で、濫用すると危険なもの）の祭祀、すべての生き物に供養する祭祀などが行なわれたことが伝えられている。牛を大切にする風習がインドではこれ以前に一般化していたが、バラモンの祭祀では牛を犠牲《いけにえ》として奉納したことが伝えられている。

祭祀を正しく行ない、神々を慰めることを怠らないようにすれば、死後、天に生まれ、安楽の生活を送ることができるとバラモンたちは説いている。人々はその教えを信じて、多くの供物を奉納し、祭祀を盛大に行なうことに執心した。

そのうちに、バラモンの中には、形式的で中味のない、祭祀のための祭祀を行なう者が多出するようになった。つまり、人々の将来の安楽を約束する、橋渡しの手段としての祭祀を行なう者がいなくなってきたのである。金もうけのための祭祀、戦勝や、無病息災、家内安全のための祭祀をするバラモンなどが現われた。さらには祭祀を、依頼もなしに勝手に行なって、あとで布施や供物を一方的に要求する者さえ出た。

釈尊が活躍しはじめた時代には、このように堕落《だらく》したバラモンがいたるところに目立つようになった。人々は、堕落したバラモンに代わる救世主的な人物の登場を願っていたともいえる。シュラマナたちの出現は、まさにこうしたバラモンたちの堕落した状況を批判するものであったといえよう。

火の崇拝と祭儀を否定

バラモン教の祭儀に関する種々の綱要書を見ると、人間の一生の重大な時期、つまり出生、命名、入盟式（学問をするための入門式）、結婚式、葬式などのいわゆる通過儀礼には、決まった呪術的・宗教的祭祀がなされている。

しかし、いままで紹介したようなこれらバラモンの祭儀、あるいは通過儀礼などの宗教儀礼などは、釈尊によってことごとく軽視され、無意味なものとして一蹴された。釈尊はバラモンたちの信仰する神々を信仰しなかった。釈尊は神を立てない道を説く思想家、宗教家であり、神々の存在を前提にした教説は人々に示さなかった。とはいっても、神々の存在を頭から否定したというわけではない。

釈尊は悟りを開いたあと、人々に伝道するなかで、在俗のものには、正しく戒を守り、修行者に心から布施を行なえば、将来、天に生まれることができると教えている。生天《しょうてん》の信仰は、古来、インド人の民間信仰としてあったのだが、これを釈尊は否定してはいない。天は神々の住むところであるから、そこに生まれることが人々の願いであれば、そこに生まれる方法をも説いているのである。つまり、バラモンたちの神々を否定したわけではない。

ただ、バラモンたちのように犠牲《いけにえ》を奉納して祭祀をすることを非難し、排斥したのである。生き物は生まれの上からみな平等であるという考えから、釈尊は弱い生き物だけを殺すことを許さなかった。

釈尊は火を崇拝することも排斥し、その信仰を不合理な行為と決めつけた。もし火の祭祀によって人の罪障が除かれるのであれば、火を毎日扱う鍛冶屋はみな優れた聖者となり、死後、生天を約束されるはずだ、というのである。ガンジス河の沐浴も同じ論拠から排斥している。人々の汚れが聖なる（と信じられている）ガンジス河の水で浄められるというのなら、日々洗濯を仕事とする洗濯屋はみな身が浄められ、死後の生天が約束されることになる。

釈尊はこれら火の祭祀、ガンジス河の沐浴などの伝統的信仰を不合理な宗教的行為として軽視した。

釈尊は、このようにバラモンの祭祀主義をすべて軽視、排斥したばかりでなく、魔法、呪術、卜占《ぼくせん》の類をも指弾している。これらを排斥したからといって代替する宗教的儀礼を設けたわけではない。不合理な儀礼自体を不必要と考えていたのである。したがって、仏教教団はバラモン教で行なうような通過儀礼にかかわる祭祀儀礼をもたなかった。葬儀、年忌などは世俗的なことだという考えから、仏教修行者はこれらの行事には関与しなかった。今日のように、とくに葬儀に積極的に関与し、先導的役割あるいは職業化した関与などは、まったくなかった。

釈尊の立場から言えば、仏教は通過儀礼にはまったくかかわりをもたない宗教であったといえる。したがって、一般家庭や社会におけるいろいろの祭祀儀礼に参加して人々を組織的に指導することはなかった。

合理主義者釈尊

釈尊が合理的な考え方をもつ人であったことを示す対話を原始経典から紹介しよう。この経典（相応部《そうおうぶ》経典巻四）には『西土の人』という題名がついているが、内容はナーランダーで釈尊が説法されたときのものであるから、西土の人とはコーサラ国のシュラーヴァスティー（舎衛城）付近に居処をもつバラモンたちを指していると思われる。あるいはイランあたりから来た拝火教徒たちを指しているのであろうか。

この経典は釈尊と村長との問答を記している。釈尊が質問し、村長が答えるという形である。

村長「世尊よ、西土から来たバラモンたちは、水瓶を携え、百合の花環をつけ、沐浴して身を浄め、火を礼拝します。そのようにしてかれらは死人の名を呼んで呼び起こし、生天《しょうてん》させようとします。世尊も、世間の人々が死んだとき、このように生天させて、どこか善いところへ導かれるようなことをなさるのでしょうか」

釈尊「村長よ、いま、それについてこちらから質問するから、これに思った通りに答えなさい。よろしいか。

いま、ここに次のような人がいるとしよう。かれは殺人者で、盗人で、快楽に耽《たん》溺《でき》する者で、嘘をつき、卑猥《ひわい》な言葉を使い、意地悪で、どうしようもない乱暴者であったとしよう。いま、その人の死後、生天ができますようにといって、多勢の人々がその人のために祈願し、礼賛し、合掌したとして、さて、その人は死後、天界に生まれることができるだろうか」

村長「そんなことは考えられません」

釈尊「たとえば大きな岩を深い湖に沈めて、これを多勢の人々が集まり、岩よ浮上せよ、といって合掌して祈願しながらその湖の周りを歩いたとしたら、その祈願によって岩が浮上してくるだろうか」

村長「そんなことはありません」

釈尊は、よこしまな考え方、生き方をしている人を、多勢の人々の祈願によって、死後、天界に生まれさせるようにすることはできない、かえって、その人は悪行の報いによって、苦界、地獄に生まれることになろう、と教え、さらに、次にこれと逆の説明をした。

釈尊「ここに五つの戒を守り、つねに正しい考えをもち、慎みある行ないをする人がいたとしよう。いま多勢の人々が集まり、この人が死後地獄に堕落するようにと合掌して祈願をしたとして、この人は死後、六道《ろくどう》にさまよい、苦界、地獄に生まれることになろうか」

村長「そんなことはありません！」

釈尊「たとえば油を入れた油壺をあやまって深い湖に落としてしまったとしよう。そしてその油壺が湖底で壊れて、油があふれでて、水面に浮かんだとしよう。そこで、その浮かんだ油を湖底に沈めようと思い、多勢の人々が集まり合掌し、沈むようにと祈願したとして、そのおかげで、油が沈むだろうか」
村長「そんな道理はありません」
釈尊「それと同じように五戒を守り、つねに正しい考えをもち、慎みある行ないをする人がいたとして、この人を死後、苦界、地獄に堕落させようと多勢で祈願してみたところで、その人はそれとは無関係に、道理に従ってやはり天界に生まれることになろう」

ここに紹介したものは、仏教の開祖、釈尊の言葉であることを断わっておく。これは、バラモン教の司祭者たちが行なっていた呪術や祈願などがいかに不合理であり、迷信的信仰であるかを、譬えでもって批判しているのだが、実はこの内容は、現在の仏教批判にも通じるのである。釈尊は今日の仏教界のあり方を見て、なんと判断するだろうか。

釈尊は、「呪文を唱え、合掌して、祈願をいくらしても、それがなんの効験《ききめ》を現わすというのだろうか」という。

もし地獄に落ちるような行ないをした人間が、多くの僧侶に金銭を積んで祈禱《きとう》をしてもらい、その呪術によって極楽に生まれることがかなうことにでもなれば、人の善行は一体なんの意味があるのだろうか。それは人倫の道を破壊し、否定することである。悪行を積んだ者はそれによって地獄の苦を受ける。これが道理だと釈尊はいう。釈尊の使った譬えをもう一度読むとよい。

人は祈禱や呪術に頼りたくなる一面の心情をもっている。理屈ではわかっていても、割り切れないところに不安があり、つい迷信的な信仰に走ってしまう場合が少なくない。科学文明が発達した時代に、人々はますます迷信的なものに興味をもつ傾向がある。

今日、文明の発達は人々の学習知識を超えて目まぐるしい。人はそれについて行けない。おそらくその不安からだろうか、交通安全の御札、家内安全の御札、身体健全の御札、入試合格の御札など、さまざまな御札に、みなワッと飛びついている。

これらの御札は一枚の紙切れにすぎない。それに万人の願いを叶える効験があるわけがない。そうだとわかっていても、人々はなにか自分だけには効験があるだろうと信じてすがる。御札を作る側でも魂を入れるとか祈願しておくとか言っているが、みな形式的な儀礼を踏んでいるにすぎない。実際に効きめがあるのならば、まず御札をつくる人自身が無病息災、家内安全、すべて円満成就であるはずなのに、どういうわけか、そうでもない。

このような迷いから目を覚ますことを釈尊が教えていることに、仏教徒はもっと注目すべきである。釈尊は、すべての苦しみや楽しみはみずからの行為によって招かれたものであって、呪術や祈禱によって左右されるものではないと教えている。

生まれによる平等を説く

人間には、本来、善人とか悪人とか区別されるような人種はいないと、筆者は考える。釈尊が教えるように、行ないによって悪人があり、善人があると信じたい。原始経典に次のような喩説《たとえ》がある。

人にはいろいろの種類がある。心の曇りの少ない者もいれば、曇りの多い者もおり、賢い者もいれば、愚かな者もいる。善い行ないの者もいれば、悪い行ないの者もおり、教えやすい者もいれば、教えにくい者もいる。

たとえていうと、青・赤・黄・白、色さまざまな蓮の池があって、水中に生え、水中に育って、水の表面にでない蓮もあれば、水面にとどまる蓮もあり、水面を離れて、水に濡れない蓮もあるようなものである。

この差別の上に、さらにまた、男・女の区別があるが、しかし、人の本性に差別があるのではない。男が道を修めて悟りを得るように、女もまた道を修めれば、然るべき心の道筋を経て、悟りに至るであろう。（『パーリ律大品《だいぼん》』一一五）

人としての本性に違いはないことを教えている。人々の社会に階級制度があるのは、人の現象面、形象面だけに執着して、好き嫌いの感情で判断したり、人為的な尺度をあてはめて、差別をしたものである。色が黒いというだけで差別される。貧しいというだけで差別される。汚れ仕事をしているというだけで差別される。いわれのない言い伝えで差別される。学歴の有無で差別される。このような差別をすること自体、不合理である。

インドでは僧侶は、本来、社会の階級制に強く反対し、人間平等を唱導する生き方を垂範すべき人たちであった。釈尊は、クシャトリヤの出身でありながら、その階級の名誉・地位を捨て、一介の乞食者《こつじきしゃ》となり、当時の社会における底辺の人々と同じレベルから社会を見た。身なりもそれこそボロをまとい、食べ物も牛馬の餌にも等しい、まずいものを食べたという。そこから人間の本来無差別を説いた。

古代インド人は原初の人間を想定し、これを原人（プルシャ）と言った。この原人の口から生まれたのがバラモン、両腕から生まれたのがクシャトリヤ（王族）、両腿から生まれたのがヴァイシュヤ（庶民）、両足から生まれたのがシュードラ（奴隷）である、と考えた（『リグ・ヴェーダ』一〇・九〇「プルシャ賛歌」）。

このように、インド最古の文献が、人間は生まれによって四姓（四つのカースト）の階級的差別があるとすでに教えていた。そして人々はこれを信じてきたのである。そして職業は生まれにより、四姓によって差別された。

譬えによる平等の例

インドの四姓制度の不合理性を説き、本来、人間は平等であることを種々の譬えを使って教えた一世紀半ばに書かれたという文献がある。同一の原人から生まれたものに四姓の階級があるというが、それは不合理である、といってこの文献は次のように述べている。

この世において、たとえばデーヴァダッタと呼ばれる人が、一人の婦人に四人の男子を産ませたとしよう。その四人の子にとって、この子はバラモンであり、この子は王族であり、この子は庶民であり、この子は隷民《れいみん》であるという階級の区別は存在しない。なぜかというと、かれらは同一の父から生まれたのであるから。こういうわけであるから、バラモンなどという四姓の階級の区別が、どうして存在しうるであろうか。（『金剛の針』）

同一の親から生まれた子供たちに、どうして階級の差別があろうか。あるわけがない。ここでは親を原人の譬えとしている。

同じ原人から生まれたのであれば、当然、その子孫は差別がないものでなければならない。四姓の階級があるわけがないというのが、喩説《たとえ》の主旨である。そして、この文献はこのあと、四姓の階級があるとすれば、それは生まれによってではなく、人の行為に関する差別によって生じたのだと解説している。

仏教の行為主義は釈尊の人間平等説の基本である。仏教の無差別・平等主義は、のちには、人間には本性上、ブッダになれる可能性（専門用語で仏性《ぶっしょう》という）があり、これは人種・国籍・性別・階級・貧富にかかわらず内在するという、人間の本性的面から説明されるようになった。

しかし、仏教が生まれたときは、先述のように、人の行為の正邪によって人の差別があり、もし人間が正しい行為を履行すれば、そのとき、人々はみな聖僧バラモンと呼ばれ、みな平等・無差別であると、釈尊は教えていた。

前にも述べたように、釈尊は、人間の性を善とも悪とも説かなかった。したがって人間の本性について、それがブッダになれる可能性があるとか、反対に、悪魔の性質があるとか、そんな説法をしたことはない。これは仏教の人間観を理解するうえでとくに注意すべき点である。

釈尊はカースト制度をいかに見たか

すでに述べたように、釈尊は「道の人」を貫いている。「道の人」であれば、人を見るときも、その人が道にかなった生き方をしているか、考え方をしているかを問題にすべきであって、生まれや職業などをもって人を差別することは、まったく理にかなわぬことといわなければならない。

道を説く人が、人を差別するような言動をしたり、差別の慣習を踏襲することは、言語道断である。釈尊は、古来インド神話で伝えられる人種差別を、為政者や貴族などが人間を支配する場合に援用して都合のよい社会通念としていたことを、根底から覆す主張をした。

人間平等とは、生まれたときから人はみな平等であるという説である。それは人が作った「法」の前における平等ではなく、普遍的理法としての「法」の上に照らしてみて、人はみな生まれたときから人として平等であるというのである。

釈尊はつねに「道の人」であったから、だれかれなく平等に接し、法を説いて歩いたし、どんな弟子とももに修行をした。

人間平等を掲げて法を説いた釈尊は、では、カーストという階級制度自体を社会から廃絶することを願い、運動を起こしたのだろうか。

カースト制度自体は、たしかに、人道上許しがたい悪制度ではあったが、その制度があることによって、一面では社会秩序が保たれていたという事実を否定することはできない。無理なところはあっても、制度の中で各歯車が一応順調に作動しているのであれば、それは一つの秩序を保っていると見なければなるまい。

数千年来、それまでのインドはカースト制度で支配され、発展してきたことは事実である。ただそのなかで各人の人格が認められたり、あるいは認められなかったりの、不都合・差別が多分にあったことを事実として認めなければならない。

釈尊がこの制度を社会通念の上から否定したとは考えられない。もしそうであったとしたら、釈尊は弟子たちとともに一つの廃絶運動を起こしたに違いない。実際には釈尊の教団にはそのような動きは何もなかった。

釈尊は、制度自体の廃絶ではなく、その中に生活する各個人の人間性の確立を訴え、個人の心の解放を求めて、法を説いたと考えられる。社会ではなく、個人の心の中に巣くうカーストという観念を根絶することに伝道の目的はあったと考えられないだろうか。

制度の改革を打ち出すことは、一つの政治運動である。制度の改革は人心を惑わすことになり、またそれに対する賛否の論議を生み出す原因となる。人の道を説くつもりが、そのような物議をかもすようでは、人を導くことはできない。

釈尊はまさに「道の人」であったから、人の道を説くことにのみ専念していた。不平等、差別は制度上にあったとしても、人の心に不平等、差別があってはならないと考えていたと思われる。

教団内での平等

したがって、釈尊はカースト制度の廃絶を一つの運動を起こして世に訴えることはしなかった。ただ仏教教団は「法」に則って生活する者の集まりであるから、その中ではカースト制度も、その観念もなかった。すべて生まれの上で平等と考え、たとえ出家前に国王であろうと、バラモンであろうと、出家後は賤民出身の出家者と同席して一様に説法を聞かなければならなかった。衣服も作法も同じである。文献に次のようなことが記述されている。

たとえばガンジス河、ヤムナー河、アチラーヴァティー河、サラブー河、マヒー河などの大河は大海に入れば、前の名と姓とを捨てて、ただ大海と呼ばれるように、四姓は如来が説かれた法と律において出家すれば、前の名と姓とを捨てて、ただ「沙門釈子《しゃもんしゃくし》」と呼ばれる。（『パーリ律小品《しょうぼん》』五五七）

出家すれば、みな釈尊の弟子（つまり沙門釈子）と呼ばれるのである。教団の中では、みな無階級の人間となる。ただ出家の年次によって席順に上下があったことが、差別といえばいえる。かつて国王であった者でも、賤民出身者より後に出家すれば、かれより下に坐らなければならなかった。これが教団内の規則であった。

この規則は教団外の社会におけるカースト制に相対して制度化されたものかもしれない。つまり、社会の中で賤民出身者は虐待されて、つねに下に置かれていたのが、教団の中では一日でも早く出家したら、かれが先輩となり、上座になる。賤民出身者にとっては不満はなかったであろう。

このようなことで、仏教教団はカースト制の桎梏《しっこく》からの逃げ場を提供していたと説明する学者もいる。たしかに教団は、賤民出身者にとっては逃げ場となり、避難所となったことになろうが、バラモンや貴族などの出身者にとっては、これはあまり歓迎できる制度ではなかったと推測される。

このような規則を制定した仏教教団は、一応、カースト制廃止の立場を社会に印象づけたことになったが、バラモン教の側から、釈尊は社会秩序を混乱に導こうとしているとして非難されている。

逃げ場を提供した仏教教団であったから、さぞや、多数の賤民たちが出家入団しただろうと考えられるが、じつはそうではなかった。教団に出家した者の出身カーストを見ると、カーストの桎梏の苦しみをもっとも味わっているはずの賤民出身者が出家者の中に十指を数えるほどどいたかどうかである。

仏教教団の推進者はバラモン出身の者たちであった。初期の教団の構成員はほとんどバラモン出身者たちであった。仏伝の中に賤民出身者の名前が数人出てくるが、それはおそらく珍しいケースとして記述されているのではないだろうか。

釈尊の教団はたしかに人間平等を唱え、教団の中でそれを実現したのだが、これが全インド社会に実現されることはなかった。階級制度の改革は考えてみれば宗教家のやることではないし、また、やれることでもないのだが、釈尊はその辺のところをわきまえていたと考えられる。

釈尊はこのような道を説いたために、当時のインド社会ではたしかに異端者と目されていた。しかし、いくら異端者と呼ばれても、この規則は仏教教団がインドに存在する限りでは守られていた。このことから見ると、仏教教団はやはり特殊な宗教として社会的に認められていたのであろう。ただ、教団の制度は平等主義ではあったが、釈尊が入滅したあと、仏教教理の中に人間差別の思想が現われてきたことを看過してはならない。

4 日常生活に根ざした教え

普遍的な実践倫理

釈尊は、最初は、出家者とか在俗者とか相手に応じて教理を説いていたのではなく、説法の相手が多くは宗教家や知識人などであったので、かれらの意識や思想に革命を与える目的で、これが理法である、これこそ真理であるというところで、説法していたように思われる。しかし、のちに教団として一応の体制が整い、出家の弟子を多勢かかえるようになると、説法の内容にも出家者向けのもの、在俗者向けのものという違いが見られるようになった。

今日、残されている文献を読むと、たしかに、出家修行者に対して説かれたものにはどうも在俗者には理解しがたく、かつ実行不可能なものがある。だから、仏教文献を読むときには、出家修行者向けの教理と、在俗者向けの教理というように分けて理解しなければならない。

このように分けて内容を理解すべきではあるが、それのいずれにも共通していえるのは、どれも私どもの日常生活に根ざしたところから教理が組み立てられていることである。決して神のお告げによる教理ではないことがもっとも注意すべき点である。釈尊は「神はこのように申された……」という言い方はしない。身近な生活の中から、また自然界の活動の中から、多くの譬喩《ひゆ》を引き出し、それを範例として、人の道を説明するのが常であった。

人々に開示した実践倫理は、悪を止《や》め、善を作《な》すという倫理であった。とくに悪を止める倫理が主となっている。その実践倫理は新たに創られたものではなく、古来多くの聖人たちが教え伝えてきたもので、その中から、当時のインドの社会的通念や道徳観念に準じて、正しいものだけを選択して、体系づけたものであった。それらは特殊な規律でもなく、またバラモン教や他の宗教などの教えとまったく対立するような実践を設けたのでもない。古今を通じて永遠の、そして誰にも通用する理法に則った実践倫理を、釈尊は求めていたのである。

その実践倫理は、釈尊以前にすでにブッダとなっていた人たちから伝えられてきたといわれる。『法華経《ほけきょう》』の「五百弟子受記品《じゅきぼん》」にはブッダは過去世に六人いたので、釈尊は第七仏にあたり、合わせて過去七仏といっている。かれらブッダたちが代々実践していたものを、釈尊も倣《なら》って履行したとされる。

文献には、七人のブッダたちが共通して履行し、教誡として伝えたとされる詩偈《しげ》(七仏通戒偈《しちぶつつうかいげ》)が『真理のことば』(法句経《ほっくきょう》)第一八三偈に記述されている。

諸悪莫作《しょあくまくさ》　もろもろの悪をなすことなく
衆善奉行《しゅぜんぶぎょう》　もろもろの善を実行し
自浄其意《じじょうごい》　自からその心を浄めること
是諸仏教《ぜしょぶつきょう》　これがもろもろのブッダたちの教えである

この詩偈になんの説明がいろうか。小児でさえ、教えれば理解できる内容である。ブッダになるのにむずかしい教理はいらない。この一偈だけでブッダになる道を教えている。道元禅師は『正法眼蔵《しょうぼうげんぞう》』の「生死《しょうじ》の巻」の中で、この七仏通戒偈をもとにして、次のような文を残している。

仏となるにいとやすきみちあり。もろもろの悪をつくらず、生死《しょうじ》に著《じゃく》するこころなく、一切衆生《しゅじょう》のために、あはれみふかくして、上《かみ》をうやまひ下《しも》をあはれみ、よろづをいとふこころなく、ねがふ心なく、心におもふことなく、うれふることなき、これを仏となづく。又ほかにたづぬることなかれ。

「悪いことをしない」というのは、二つの引用でみるように、「悪いことをしてはいけない」という命令形にはなっていない。釈尊は「道の人」であるから、人に命令をすることがない。悪いことをしない、これが人の道である。だれかがだれかに命令すべきことではないのである。さらに、悪いことをしないというのは、身体的にも精神的にも、どんな誘惑にあってもどんな境遇にあっても、決して悪いことをしなくなっていることをいう。

悪いことをしないから、あえて善をしようなどという心のはからいも不要である。これが諸悪莫作である。道元禅師も善行をしなければならないとは述べない。ただ悪行をしないことがすなわち善行なのである。

この七仏通戒偈の教えるところは、実践倫理の原点であり、普遍的な教理である。どの宗教にも共通する倫理ではないか。まさにこれは人の生きる上での永遠の真理といえる。じつはここに仏教の原点がある。

欲を否定しない思想

釈尊は、悟りを開いたあとの説法では、つねに極端を離れた中道《ちゅうどう》の実践を強調している。この極端を離れるというのがもっともむずかしいところであり、問題となるところである。なにが極端なのかということであるが、文献では苦行と快楽は極端の行ないだといたるところで述べている。では苦行と快楽とは一体何を指しているのだろうか。

学者によれば、苦行とは、古来、修行者たちの間で行なわれたタパスという修行法を指す、という。それは身体を極限にまで痛めつけ、肉体を死の寸前にまで衰えさせる修行だといわれている。これは、肉体は不浄であるという考えの上に立っており、タパスによって精神の自由と純粋性を回復させることを狙いとしていた。これらの修行法を、釈尊は極端な修行だと考えた。

また一方、六師外道の中には、アジタを代表とする快楽主義者のグループがいくつかあって、この世の快楽に安らぎを求めるよう人々に説いていた。釈尊は、このような風潮も一つの極端と考えたのである。

要するに、釈尊は伝統的修行法も、また新思想家たちの生き方も極端なものであったから、これらを超える中道の生き方を示そうとしたと解釈されている。

たしかにそのように考えることもできる。それを否定するものではないが、もう一つの解釈も可能である。つまり、両極端を離れた釈尊の中道は、もう一つの生き方、考え方の上において説き出されたものと考えることができる。それは人間の欲をどのようにとらえ、処理するかということに関するものである。それによって、生き方も考え方も変わってくる。

釈尊は欲を肯定も否定もしなかった。もし、欲を否定すれば、禁欲主義となる。禁欲をつき進めていけば、人々の社会生活、日常生活は成り立たなくなる。善くも悪くも欲をまったく禁ずることは、一つの極端であると釈尊は考えた。それを苦行といっているようである。

また、欲を肯定すれば、これは快楽主義となる。それを徹底すれば、われわれの生活は、結果的には、破滅に追いやられるであろう。これも一つの極端である。釈尊は、これを快楽と呼んだのであろう。

釈尊は欲を肯定も否定もしなかったと考える。肉体的なもの、精神的なものを含めて、人の欲に、善い欲、悪い欲というものが本来あるわけではない。その欲がバランスをくずして極端に走ったときにそれが悪い欲になるのである。

善いとか悪いとかは、所詮、バランスがとれているかどうかによってつけられる言葉にすぎない。善いと思ってしたことが、しすぎると結果的に悪くなることが多い。「……したい」という教えも所詮バランスをくずさないところで処理すべきである。それが中道の生き方ではないのか。

釈尊の、苦行と快楽の両極端を離れて中道を歩むとは、人の欲を極端に肯定したり、極端に否定したりする生き方、考え方を離れて、つねにバランスのとれた生き方、考え方をするようにと教えたものであろうと思われる。

これが釈尊の実践の基本精神であったといわなければならない。もしこれをもとにして、釈尊の示した種々の実践倫理を見るならば、それぞれの規則の中に欲を捨て去れとは説いていないことに気づく。欲にとらわれてはならないとはいうが、欲を捨てろとはいっていない。つまり欲の執着が迷いや惑いを生むのであるから、その執着を捨てろと教えているのである。

さきにも述べたように、極端な行為は人の道を離れることになると釈尊はいう。このように人の欲は肯定も否定もされていない。それは人の生きる上で身体的、精神的に補足すべきものを求める行為であるから、それを一方的に悪いといって、毛嫌いすべきではないというのである。といって充分に満足させるべきだといって肯定しつくすことも極端である。食べるも飲むも腹八分とはこのことをいう。過ぎない、ひかえめという行為である。

根本倫理は五戒

釈尊が最初に弟子たちに示した実践倫理は五戒であった。これはまた基本的には在俗者に対しても同じであった。五戒は出家者、在俗者の区別がなく実践されるべき倫理であったという点で、仏教の根本倫理といえる。

五戒とは、生き物を殺さない、盗みをしない、邪《よこし》まな性行為をしない、嘘をつかない、酒を飲まない、の五つである。いまここに列挙した内容は出家者に対するものであるが、在俗者に対しては、このようにいかない。たとえば、生き物を殺さないという戒は、在俗者の中で生鮮業を営む人、あるいは殺生《せっしょう》を職業とする人などには、実行できない戒といわなければならない。仏教信者になるには職業を変えなければならない。それができなければ、信者とはなりえないことになる。

そこで原語の「アヒンサー」(不殺生)を広く解釈するとすれば、生き物を殺さないというのではなく、他の生きる権利・生活領域を侵さないということと、また、いかなる他からの暴力に対しても抵抗しないという生き方・考え方を示していると考えられる。

また飲酒しないということも、在俗者にとっては、完全に厳守することはむずかしい。そこでこれは酔い乱れることがない程度なら飲んでよいという意味合いが含まれている。といって飲酒が積極的に許されたというわけではない。

このように、五戒も、出家者の場合と在俗者の場合とでは、実行の内容がいささか異なっている。もともと仏教教団における戒律は、この五戒が最初に釈尊によって制定されたほかは、弟子たちの生活の中で、出家者としてあるまじきことを犯したときに、以後、それを禁じるということで、一つずつ増えていったのである。したがって戒律の数は、その数だけの悪行がかつて行なわれたことを示していると考えなければならない。

ところで戒という語は原語で「シーラ」といい、習慣というほどの意味をもつ。五戒とはしたがって日常生活の中で、五つの習慣となるべき行為ということになる。この五つが骨髄にいたるまで浸み込んでいかなければならない。「してはいけない」「しなければならない」という意識があるうちは、まだ戒の本来のあり方からはほど遠いといわなければならない。一つ一つの戒が無意識の中で行なわれていなければならない。

食事の際、箸《はし》の上げ下げから茶碗《ちゃわん》の持ち方まで意識しながら食べているわけではない。馴《な》れぬうちはそれがうまくいかないが、馴れると自然に意識しなくとも手が動いてくる。大事なのは、五戒の一つ一つが体にも心にも躾《しつ》けられていることである。五戒は箸の上げ下げのように守られていなければならないのである。

このように、五戒自体は極端な行為に走らないように、つねにバランスのとれた生活を送り、人間関係が円滑に営まれることを目指した倫理である。

出家者と在俗者とでは、同じ五戒を守るといっても程度の差があり、出家者に厳格な遵守《じゅんしゅ》が要求されたことはいうまでもない。出家者はこのほかにまだ多くの戒を守らなければならないのであるから、はた目にはきびしい禁欲生活のように見られたようであるが、釈尊はつねにそれぞれの戒を守るのに極端に走らないようにと戒めている。つまり、体を痛めつけたり、疲れさせたりしてはならないというのである。

坐禅は出家者の修行

釈尊は五戒やその他の倫理が実現されるために、八つの修行道を設けている。専門語では八正道《はっしょうどう》という。これは在俗者用ではなく、出家者用の修行道であった。内容を見ると、在俗者にも通用するものがないわけではないが、出家者でなければできないものもある。この八つの項目を次に紹介してみよう。（一八〇ページ以下も参照）

正しい観察（正見《しょうけん》）、正しい思念（正思惟《しょうしい》）、正しいことば（正語《しょうご》）、正しい行為（正業《しょうごう》）、正しい生活態度（正命《しょうみょう》）、正しい努力（正精進《しょうしょうじん》）、正しい記憶（正念《しょうねん》）、正しい注意（正定《しょうじょう》）。

これら八つの最後に正定というのがある。坐って静かに心を統一し、普遍的法、つまり縁起をみる修行である。前にも述べたように、ただたんに坐禅するだけではなくて、「法」を見ることのために注意が実践されるのである。この注意によって智慧が得られ、智慧によって正しい観察、つまり正見ができるわけである。

正定は出家者しかできない。日常、在俗の生活に没入している在俗者がひたすら心を統一し、静かに思慮する生活を日々続けていくことはまず不可能である。

今日、一般の人々がいろいろの場所で行なわれる参禅会に参加し、坐禅に親しむ機会が多くなっているが、かつてインドの仏教教団の中で、修行者と一緒に坐禅をした者はいなかった。坐禅は出家者の修行法であって、これを在俗の身で実践するなど考えられなかったのである。坐禅をして正定に入るには、世俗の雑事を離れた出家の身となって、戒を守り、身心ともに統一されていなければならない。

坐禅をしてみればわかることだが、坐れば坐るほど、妄念が湧き、妄想が生まれ、煩悩が体中を駆け巡る。在俗の生活の事象が体に印象づけられているから、それが吹き出してくるのである。

坐禅中に、妄想、妄念が出てきたら、それはそのままにして、それにとらわれるなとよく教えられるが、出てくること自体が一つのとらわれから発するのである。だからとらわれるなといわれても、無理なことである。本来そんな妄想、妄念が出てこないように日常生活を律すべきなのである。そのためには世間の雑事から離れるべきである。出家すべきである。だから、純粋の坐禅は出家者にのみ可能であり、在俗者にはなかなかできない修行といわなければならない。釈尊は在俗者に坐禅を行なうことを勧めてはいない。

古人の残した実践体系

釈尊は、八正道を自分の独創した実践体系であるとも、また自分がはじめて歩いた道跡《あしあと》であるとも述べていない。

ここに釈尊のことばを紹介しよう。『城邑《じょうゆう》』と題する経典に、次のような譬えを用いて、八正道の何たるかを示している。これは、釈尊がまだ悟りを得る以前、修行に迷っていたころのことを回想して述べたものである。

「修行者たちよ、たとえばある人が人なき森林中をさ迷っているうちに、偶然に古人の通ったらしい古い道を発見したとしよう。その人は、その道跡を辿《たど》って進んでいるうちに、古人が住んだらしい古城や園林や蓮池などのある古い都を発見したとしよう。その人はのちに王や王の大臣たちにこのことを報告した。

すると王や大臣たちはそこに城邑をつくった。やがてその城邑は栄え、多くの人々が集まり、繁栄したというのである。

このことと同じように、修行者たちよ、私は、過去の悟りを得た聖者たちの辿った古い道を発見したのだ。

過去の聖者たち、つまり諸仏が辿った古い道とはかの八正道である。私は、この道に従って行くうちに、老死の苦を知り、老死の由って来る原因を知り、老死の苦の滅を知り、仏となったのだ。これを善男子善女人たちに教えたので、この八つの実践法はしだいに広まり、多くの人々に知られ、次々に説かれるようになったのだ」

（相応部経典巻一二）

これが八正道の由来を説いた部分の要約である。これによって、釈尊も古人の足跡に随って修行したのであり、しかも、その修行法はすでにあったものを偶然に発見し、それを信じ、ひたすら従順して行なわれたことがわかる。

この実践体系のどれ一つをとっても、そこに禁欲を奨励するものはない。八正道の正ということばに、その辺の意味が含まれている。八正道の正とはパーリ語でサンマーといい、文字通りに正しいという意味である。これを教理の上から解釈すれば、「中《ちゅう》」という意味で、かたよらない、平衡《へいこう》がとれている、ということである。

適度のバランス

文献（『テーラガーター註』）の中には、「中」の実践が種々の譬喩《ひゆ》で示されているが、その中でも、有名なのは琴絃《こといと》の緩急の譬えであろう。琴は絃を強く張っても、また緩《ゆる》く張っても、よい音色は出せない。

それと同様に、あまり激しく極端に修行に努めてもかえって身体をいため、心が頑《かたく》なになる。といって修行を怠けてもいけない。怠ければ道を得ることはできず、また、あまり張りつめても道は得られない。修行は、バランスのとれた、適度の実践でなければならない。

ここに商人の例をとって「中」の生活を説いた『商品』という経典（増支部《ぞうしぶ》経典巻一）がある。

ある店先でのことである。

商人は秤《はかり》を使うに際し、これだけ載せると上に傾き、これだけ減らせば下に傾くことを知っている。そのように良家の人は、財の収入と支出を知ってバランスのとれた生活をし、奢侈《しゃし》にもならず、あまり窮乏するわけでもない。

もし収入が少ないのに奢侈な生活を送れば、「三千年に一度しか得られないウドンバラ果を食べる」ように財を食っていると評判になろう。収入が多いのに貧弱な生活をすれば、「飢え死にするような状態で死ぬだろう」と評判になろう。

良家の人は、このように財の収入と支出を知り、釣り合いのとれた生活をするものである、と釈尊は教えている。

この釣り合いのとれた生活が「中」の生活である。一方にかたよりがないこと、と同時に虚栄と虚偽があってはならない。修行を積んでいないのに修行が成就しているように見せかけたり、修行を積んでいるにもかかわらず謙遜卑下《けんそんひげ》して未熟なものであると偽りのことばを吐くことも「中」の姿勢に反する。

「中」の生き方、考え方が、八正道の立場である。八つのそれぞれを見ればわかるように、そこには禁欲、つまり欲を否定する考え方はなにもない。極端に走らないことが正しいのであって、あれがいけない、これがいいなどと、一方的に否定したり肯定したりして、それに固執した生き方・考え方は、釈尊の実践思想にはなかった。

よく世間でいう、ほどほどに、適当、適度というのが、「中」の立場である。それは欲そのものの否定、あるいは欲の禁断ではなくして、欲への執着を戒める立場であった。それが「中」の立場であり、正の意味である。

5　男女平等を説く

仏教は女性を蔑視しない

よく世間にいわれる「女三界《さんがい》に家なし」という文句は、つまるところ、女は嫁に行った先で離婚させられたら、もうこの世間で住むところはない、という意味にもとれる。女はこの世間では風来坊みたいなものという意味である。あわれな生きものという蔑視が感じられる文句である。

たしかに、仏教の経典には、女性蔑視の文句が多いことは認められる。しかしそれらは釈尊のことばではないことを、まず知っていただきたい。仏教は女性蔑視の宗教であるように考えられているが、それは大きな誤解である。

のちに述べるように、それらは仏教教団のお家の事情から、釈尊の死後、数百年後の弟子たちが釈尊に託して語らせたことばである。

古い経典から例をあげると、

女の求めるところは男である、
女心が向くところはアクセサリーと化粧品である、
女のよりどころはわが子である、
女が執着するのは夫の独占である、
女が最後に目指すのは支配権を握ることである。

（増支部経典巻三、『カッティヤ経』）

と釈尊は述べたことになっている。しかし、これは事実ではない。それにしても面白いことを言うものである。

ほかにも釈尊と弟子のアーナンダ（阿難《あなん》）との間で、女性に関する問答がとり交わされた経典がある。

アーナンダ「お尋ねしたいことがあります。女性はなぜ公の会合に参加できないのでしょうか。また、男性と同じように一定の職業につくことができないのでしょうか。そして、職について報酬をもらうことがないので、女一人では生計をたてることが、なぜできないのでしょうか」

釈尊「アーナンダよ、なぜかというと、女性は怒りっぽい。そして嫉妬深いのだよ。その上、もの惜しみして、愚痴《ぐち》るからだよ。こんな性質があるから無理なのだ」

（増支部経典巻二、『カンモージャ経』）

これで見ると、釈尊は女性を性格的に、悪い者として考えているようだが、実際、こんなことをアーナンダに言ったわけではないと思われる。これらの文献は釈尊滅後、百年以上も経って成立したものであるから、作り話と考えられている。

「母父」に見る家庭倫理

古来、バラモン教が信仰されている農村の家庭では、家父長的家族制度が確立していた。それに伴って、女性を蔑視する傾向もあった。女性の地位は大変に低かったのである。この制度・観念に対して釈尊は人間平等の立場をもって反対し、男女平等の思想を樹立しようとした。

バラモン教の家族制度では父が家の支柱であり、絶大の実権をもって君臨していた。これは言葉の上にも表われている。たとえば、父（ピトリ）という言葉を文法の格変化の両数形にすると両親という意味になり、父の複数形は先祖という意味になる。父という一語の格変化だけで、両親、先祖という意味まで含ませるのである。そこには母の系列が見られない。すべて父だけでつながっている。

わが国では両親を「父母」と表現するが、これはバラモン教的な表現であると考えられる。仏教はこれを「母父」と順序を逆にし、母の語を先に置いている。インド原語の仏教文献を見る限りでは、仏教徒はこの語順を一貫して遵守《じゅんしゅ》している。

このことは、単に両親を表わすときばかりでなく、父と母とを別記する場合においても同じである。たとえば、私どもは一般に「厳父、慈母」というように序列して書くが、仏教ではこれも「慈母、厳父」と逆に列記する。

のちに大乗仏教が興起するが、この大乗仏教の文献中に『正法《しょうぼう》念処経《ねんじょきょう》』という経典がある。これは世間に四種の恩があるといい、母、父、如来《にょらい》（人格完成者、ブッダの別称の一つ）、説法師などを挙げている。母が第一に挙げられているのが注目されるべきである。江戸時代の富永仲基《なかもと》も『出《しゅつ》定《じょう》後語《こうご》』の中で、これを指摘している。

このように仏教では母はつねに父より先に記述されている。それは母に対する、あるいは母を代表させて母と父とに対する扶養と尊敬とを表わすことに重点が置かれていたからだと考えられている。

中国で逆転した順序

ところが、中国にこれらインドの仏教文献が将来され翻訳されたとき、「母父」は「父母」と訳されてしまった。

周知のように中国では、古来、儒教の家父長的家族制度にもとづく倫理が一般化していたので、中国の翻訳僧は、仏教の倫理観にアレルギー症を起こし、母系的家族倫理を家父長的家族倫理にもとづいて、経典を翻訳した。つまり、バラモン教的家族観念に立ち戻ったことになる。

わが国の仏教は、この中国の翻訳仏教をそのまま輸入したので、インド仏教本来の家族倫理が伝わらず、釈尊の立場とは相容れないバラモン教的、あるいは儒教的家族倫理が輸入されたのである。

仏教は、もともと、母を家庭におけるすぐれた友として、なくてはならない存在と考えていた。たしかに父の存在が中心であると認められていたが、それ以上に仏教では母の存在が重視された。

原始仏教の経典の中で、ある神の問いに釈尊は次のように答えている。

神　「だれが旅人の友ですか。だれが家庭の友ですか。事故があったとき、なにが友となるのでしょうか。なにが来世の友でしょうか」
釈尊「キャラバンの主が旅人の友となります。母が家庭の友となります。朋友が事故のときの友となります。そして自らつくった道徳が来世の友となります」
（相応部経典巻一、『ジャナム経』）

釈尊の家庭倫理思想の中では、母の存在はかなり大きく取り扱われていることがわかる。

男に生まれ変わる思想

釈尊は、インド一般社会にあった女性蔑視の観念に対して正面から反対し、母系的家族倫理を説いて、女性の地位向上と男女平等の観念を一般人に植えつけようと試みたが、結果的には成功しなかった。男女間の差別観念は根深く人々の間に浸透していたのである。

しかし釈尊は、自分の教団の中では、女性も男性と同様に最高の悟りを得ることができると教えている。これは、女性の本性は男性と異なるわけではなく、その行為が正しければ同じように悟りを得られるという行為平等論である。

そうはいっても、本音では、女性は男性とまったく同じようにすぐに悟りを得ることができないと思っていたふしがある。やはり少しばかり差がつけられている。そのことを表現しているのが「変成男子《へんじょうなんし》」の考えである。これは、男に生まれ変わらなければ究極の悟りは得られないという思想である。これを釈尊自身が説いたかどうかは不明だが、すでに原始仏教教団の中で生まれていた考えである。

女性には五つの障害があるという女人五障罪が大乗仏教の『法華経』の中に記述されているが、このような考えは原始仏教にはなかった。ただ女性は罪深い動物と考えられ、男性とくらべて悟りを得ることはむずかしいとされていた。だから一度、男に生まれ変わるべきだという思想が生まれている。

このように考えたのは、仏教ばかりではない。ジャイナ教においても、女性は男性にくらべて解脱はむずかしいと考えられていた。ジャイナ教では、人の肉体は不浄で、肉体は霊魂を縛って迷いの苦海《くがい》に引きずり降ろしているのであるから、その肉体を苦行によって痛めつけ、肉体の力を弱めて、霊魂を肉体から解放させてやるべきだという。つまり霊魂の自由と純粋さを得るためには、霊魂を肉体あるいは広く物質から解放させることが必要だと説く。したがって、ジャイナ教の修行者は、物質である衣布を身にまとうことさえも霊魂を縛ることになると考え、一切身につけない。つまり裸で修行することが最良であると考えている。

女性は身を露わにすることを恥ずかしがるのでつねに白衣を身にまとう。これは肉体の上にさらに白衣という物質を重ねることである。つまり霊魂は二重に縛られるから、女性は白衣をまとう限り永遠に解脱できないという。だから女性は、最終的には男性に生まれ変わり、裸で修行することを要請される。ジャイナ教の修行者たちの間にも潜在的に「変成男子」の観念があったと考えられる。

仏教はそこまではいわないが、やはりこの「変成男子」の観念は教団の中には根深かった。これは女性自身の中にもあったことを示す記述が、古い文献に残っている。そこでは、ゴーピカーという女性信者は教え通りに実践したので、死後、第三十三天に生まれ、帝釈天《たいしゃくてん》の子供となったとある。彼女は、

「私はかつて女の身であったが、いまは男の身となって、天楽のたのしみを得た神である」　　（長部経典巻二、『帝釈所問経』）

と述べている。これは釈尊の教えに従って生活したが、それでも神になるには男に生まれ変わらなければならなかったことを示す文例である。

このように仏教は、男女の格差をなくす方向に向いてはいたが、それでも女性と男性との差は意識されていた。教団内の生活、序列、資格などの点では別に差別はなかったことはいうまでもないが、悟りへの修行の能力が女性は男性より少し劣る、あるいは弱い、というように考えられた。そこから、やはり男に生まれ変わらなければという思想が発展したものと考えられる。

変成男子の思想は、以後、仏教の文献に継承され、女性と男性との差別を示すためにかなりはっきりと女性の悪い面が強調されるようになった。そしてこれが仏教の常識的な思想となった。たとえば浄土教思想では、来世に浄土に生まれたいという誓願の一つとして、「変成男子願」まで立てられるようになった。したがって阿弥陀仏《あみだぶつ》の浄土は男性社会となった。

尼僧教団の出現

男女平等の立場から、釈尊は既述のように女性の出家を認め、尼僧が誕生した。それも一度に多数の尼僧が誕生したので、ここに尼僧教団が出現した。このような尼僧教団の出現は、当時のインドでは大事件であった。

これについて、中村元博士は『尼僧の告白』(岩波文庫)のあとがきの中でつぎのように述べている。

尼僧の教団の出現ということは、世界の思想史においても驚くべき事実である。当時のヨーロッパ、北アフリカ、西アジア、東アジアを通じて、〈尼僧の教団〉なるものは存在しなかった。仏教が初めてつくったのである。

仏教が出現してから百年あまり（一説によると二百年ほど）経ってから、シリア王の大使でギリシア人であるメガステネースがインドの大王のもとに来て、その見聞記をギリシア語で残しているが、その中で言う、

インドには驚くべきことがある。そこには女性の哲学者たち（philosophoi）がいて、男性の哲学者たちに伍して、難解なことを堂々と論議している！

と。

この尼僧教団の誕生に関する経緯を述べた『パーリ律小品《しょうぼん》』という文献では、釈尊は尼僧教団の誕生を本心から喜び賛成していなかったように記述されている。

それによれば、まず、釈尊の育ての親であるゴータミー妃が、釈尊のもとで修行生活を送りたいので、出家させてほしいと願い出た。

これは、釈尊が出家してから九年目、つまり悟りを開いてからはじめての里帰りをした際に、カピラヴァストゥで起きたことである。釈尊の実子ラーフラは九歳になっていただろうか。

ゴータミーの三度にわたる願い出に、ついに釈尊はその執心に負けて出家を許したことになっているが、その認可が釈尊の本意であったかどうかうかがい知ることはできない。そのとき彼女と一緒に出家した女性は、文献に名前が記載されているだけでも二十名を数える。

ちなみに、その里帰りの際にシャカ族から出家した人々として、男性では四十一名の名前があげられている。別の伝記によれば、男女合わせて五百名の出家者が誕生したともいう。

尼僧誕生のいきさつ

尼僧教団がカピラヴァストゥの町で誕生したことは大層興味がある。周知のようにその町は釈尊の出身地である。この里帰りを実父のシュッドーダナ（浄飯《じょうぼん》）王は諸手《もろて》をあげて歓迎した。

文献などの伝えるところでは、釈尊の里帰りを機会に、かなりの人々が出家をしようと待ち望んでいたと思われる。身内では異母弟のナンダ（難陀《なんだ》）、いとこのアーナンダ、デーヴァダッタ（提婆達多《だいばだった》）など、それに実子のラーフラがいる。また既述のように、宮廷の理髪師ウパーリも出家を許された。

ところで、養母のゴータミー妃は一体どうして出家したいと申し出たのであろうか。彼女の申し出は、当時の社会通念では考えられないことである。おそらく、かれら身内のものが弟子となったこともあり、釈尊の教えと慈悲の庇護のもとで生活ができるのならと考えたのではないか。

シュッドーダナ王との間に生まれた実子ナンダも出家したし、カピラヴァストゥを統率する王はかなりの年でもあるので、これでは後継者がいなくなる。シャカ国の行く末を案ずるときに、このまま、宮中にいても淋しい日々を送るだけで、楽しい生活、安らぎのある生活を保証する材料は何も見当たらない。

また、当時シャカ国は大国コーサラ国の属国で、いつ滅ぼされるかわからない風前の灯の状態であった。戦争や血で血を洗う凄惨な事件が起きる可能性はつねにあった。事実、シャカ国は釈尊の在世中に滅ぼされるのだが、養母はその時期が来ることを予想していたのであろうか。

養母の出家の申し出を釈尊は結果的には許可したわけであるが、これも大層思いきった決断であったと考えなければならない。しかしこの決断をさせた理由はなんであったろうか。単に男女平等を主張し、それを実現し、女性の地位の向上をもたらすためであったと簡単に考えてはならないように思う。

釈尊は誕生後数日にして実母を失っている。実母の顔は知らず、その妹に育てられた。この妹を実母と信じて、釈尊は成長したと考えられる。生涯、釈尊は養母に育てられたということを知らなかったのかもしれない。あるいは、釈尊はいまの母が実母でなく、継母であることを知り、いろいろの理由もあって出家したとも考えられる。そこで十七、八歳ぐらいまで実母のように育ててくれた人に対する一種の恩返しもあって、出家の願い出を許したのだろうか。

また、異母弟のナンダの出家は釈尊の強制によるものと伝えられる。ナンダにはもう間近に結婚する女性がいた。その結婚の日程まで決まっていたのであろうが、釈尊は無理やりナンダを出家させてしまったといわれる。このことから、養母は、実の子が出家すれば私も一緒にという子煩悩のゆえに出家の願い出をしたとすれば、釈尊もそれを一蹴するわけにもいかなかったであろう。

この辺に身内の者同士の心情のしがらみがあり、女性の出家が許可されることになったとも考えられる。

養母ゴータミーは釈尊が亡くなる前に死んでいる。それは釈尊の死を見るのがいやだからであったと伝えられている。この点では、養母ゴータミーは実母の心境にあったと推測される。

養母ゴータミーは男性の修行者と同様に髪を剃り落としていたという。これは大いなる決断であったろう。彼女の出家を契機にして、さまざまな階層の女性が出家した。

女性の出家者の誕生は、既述のように、当時の社会に大きなセンセーションを巻き起こした。それを裏付けるように、初期の仏教文献には話題に上がった女性が多く、釈尊を取り巻く女性たちという題をつけて、一冊の分厚い本ができるぐらいである。

釈尊の危惧

たしかに尼僧教団は発足したが、その前途は安易なものではなかった。その誕生は釈尊の許可によることであって、すべての弟子たちの賛意によるものではなかったからである。多くの弟子たちはこの許可を喜んでいなかったというのが真実のようである。

前述のように、養母ゴータミーのたび重なる出家の申し出を釈尊が最終的に許可するについては、アーナンダのとりなしと懇願が大きな役割を果したといわれる。

アーナンダは、釈尊の死後、この事件のことで教団の長老たちから大層非難を受ける結果になった。文献は、アーナンダを仏教教団の退廃の原因となる大いなる罪業を犯した悪人の扱いをしている。つまり女性を出家させたことはアーナンダのはからいであり、アーナンダの計略に釈尊は乗せられたというのである。

これは、尼僧教団の誕生が多くの男僧たちの願わぬところであり、かつ仏教教団の大きな問題となったことを物語るものである。

『パーリ律小品』に、この辺の事情を伝える芳しくない記述がある。要旨を紹介しよう。

養母ゴータミー　「お願いでございます。世尊よ、女性もブッダがお説きになる法と戒律に従って出家することができるようにして下さいませ」

釈尊　「母上、ブッダの教えや戒律に従って出家できるようにしてくれという願いごとをしてはいけません。考えないことです」

この言葉を聞いてもゴータミーの気持ちは変わらず、二度、三度と願い出た。しかし、相変わらず釈尊は聞きいれなかった。このためにゴータミーは泣き悲しむ日々を送った。これを哀れに思ったアーナンダは、釈尊に懇願し、彼女の願いをかなえてあげたのである。

この事件のあと、釈尊は嘆じていった。

「アーナンダよ、女性が出家しなかったならば、梵行《ぼんぎょう》（性欲を断つ修行）は永遠に遵守されて行くだろう。正法《しょうぼう》（正しい教え）は千年の間、世間に流布するだろう。だが、じつのところ、アーナンダよ、いま女性の出家を認めてしまったからには、正法は半分の五百年ぐらいしか世間に流布しないだろう。たとえば、女性が多い家というのは、盗人や強盗に荒らされやすいだろう。そのように、女性の出家者がいる教団では、梵行はながく続かないだろう」。さらに「たとえば、稲田やさつまいもの田に病疾が起きると、その田は永く耕作できないように、女性がいる教団は永くは続かないだろう」ともいっている。

このような対話が記録されているが、実際に釈尊がこんなことをいったかどうか、真偽のほどはわからない。口には出さなかったではあろうが、内心、一抹の不安があったであろうし、教団の将来を憂えるところはあったと思われる。

尼僧の窮屈な生活

尼僧教団がどんな生活をしたかは、あまり詳しく知ることはできないが、男僧よりかなり厳しい戒律を遵守したことはたしかである。戒律の数から見ても、男僧は二百五十戒を守るのに対して、尼僧は三百四十八戒を守らなければならなかった。百戒も多い。百戒の差があることは、尼僧の素行があまり良くなかったことを意味するのだろうか。それとも尼僧を戒律で縛りつけて、男僧との接触を少なくしようとしたのであろうか。

前に述べたように、教団の中で違反行為が生じると、それについて一つの戒律が制定される。これを随犯《ずいぼん》制戒という。したがって戒律の数と種類は、それだけの違反行為があったことを意味する。尼僧の戒律が男僧より百戒も多かったというのは、尼僧にそれだけ乱れた行状があったと考えられないこともない。

尼僧教団が発足後どんな活動をしたかは知る由もないが、男僧と尼僧とのあいだのトラブルは当然あったであろう。しかし、文献の上で尼僧教団が話題にされたことはない。記述の中心はつねに男僧教団の活動である。養母ゴータミーが死んだ後の尼僧教団は、その存在さえ目に入らぬものであったと思われる。

後で述べるように、釈尊の死後、戒律の解釈をめぐる意見の相違も一因となって、仏教教団は二つに分裂した。この分裂は仏教教団の将来を左右する分岐点となる事件であったが、この際に、尼僧教団は一体どのような動きをしたのだろうか。尼僧たちは、この事件に加わり、やはり二派に分裂したのだろうか。文献はなにも伝えていない。

おそらく、尼僧教団は、仏教教団の中ではもう問題にされない存在だったのだろう。しかし、それでも細々と命脈を保っていたことは考えられる。というのは、大乗仏教が紀元一世紀前後に興起したが、この教徒の手によって作られた種々の経典の中に、男僧にまじって尼僧たちが講話を聞きにきている風景を描いているところが少なくないからである。

考えてみると、三百四十八戒を女性修行者に課すことは、その内容を見た限りでは過酷であったと思われる。それだけの戒を守ることに一体何の意味があるだろうか。戒を守ることのみに心を奪われ、心の自由がなくなるのではないだろうか。戒を守ることだけでよいとするわけではなかろうにと思われる。

このような縄縛に似た戒を守ることが強いられる女性教団に、どんな女性が入って来たのだろうか。文献には、家庭争議で家出した女性、姑にいじめられ、堪えられず逃げだして来た女性、悪女として有名な女性などがあげられている。教団はこれらの女性に安らぎの生活を提供したはずである。しかし、こんなに多くの戒があっては、かえって世俗生活の苦しみのほうがまだましだと考えた者もいたに違いない。身動きさえできないほどの重々しい戒に縛られた出家生活は、おそらく女性たちをひきつけるものではなかったと思われる。

とはいっても『テーリーガーター』（尼僧の回想詩）という文献には、多くの悟りを開いた女性の修行者の、出家の動機や、悟りの心境を述べたものが収録されている。これで見ると優れた女性もいたことが窺い知られる。

6　国家・国王との関係

古代インド社会と国王

古代インド人はバラモンに象徴されるようにものごとを一般に祭祀の観点から考えていた。かれらの生活文化は祭祀儀礼の文化と考えてよいだろう。『リグ・ヴェーダ』というインド最古の文献をはじめ、ヴェーダ聖典と呼ばれる神託による種々の文献の多くは、祭祀の観点から編纂されている。そこに記されている神話や伝説も、祭祀と関連した付随的なものだといってよい。古代インド人の生活はつねにこのヴェーダ聖典にもとづいて営まれていたのであるから、必然的に祭祀を抜きにした人々の生活は考えられなかった。

ヴェーダ聖典中心の生活文化を築いたのは、インドに侵入してきたインド・アーリア民族であったが、かれらは自分たちの民族の由来や、民族のさまざまな発展の歴史や、また王朝の系譜などには関心をもたず、問題意識をもたなかった。

かれらにとっては、国家や民族の歴史は、第一義的問題ではなかった。これらのことは、ヴェーダ聖典を通してのみ語られ、その限りで問題となった。かれらにとっては、神と人とのいまのかかわりだけが問題であった。かれらは祭祀至上主義、宗教至上主義であった。

それはなぜか。かれらは神を含む普遍的法を絶対的権威とし、それをすべての最高位に置いていたからである。その「法」が何であるかは、宗教により解釈が異なり、その価値と内容に違いがあることはいうまでもない。しかしそれはいつの時代、どこにおいても、どんな人にも支持され、あるいは随従すべきものと考えられていたので、たとえ国王といえどもそれに従わなければならないとされた。

法の原語はダルマという。この動詞語根ドゥリは、「支える、担う、保持する、存続する」ほか多くの意味を持つ。この名詞形がダルマである。これは「秩序、慣例、法則、規則、義務、徳、宗教、教説」などの意味をもつようになった。

ここでいう普遍的法とは、普遍的な法則、義務、宗教である。バラモンたちはこの普遍的法をブラフマンと考えた（一七、一四三ページ参照）。ブラフマンは元来、宇宙の創造神であった。それが宇宙の法則、そして秩序となったのである。

このブラフマンに通じ、仕え、ブラフマンを動かす祭官がバラモンである。だからバラモンはすべての階級の上位に位置するのである。バラモンはブラフマンを知り、その普遍的法に従って生活する人々であるから、たとえ権力ある国王であっても、バラモンを従えることはできない。

仏教やジャイナ教の場合についても同じである。これらの宗教の修行者たちはそれぞれ普遍的法に従って修行し、理想的人間を体現しようとしているのであるから、国王はこれら宗教家に隷属しなければならなかった。

釈尊は、縁起の法が普遍的法であるとした。もっとも、釈尊がこの法を思索し、考案したのではない。これは自然法則であって、釈尊は自分が生まれる以前から、また死後にも、人の生死にかかわらず、厳然としてある事実だと述べている。

この縁起の法にもとづいて釈尊は人の道を説いた。かれはその「道の人」であった。弟子は「道の人」に従って修行する者であり、その理想の実現を目標とする者と考えられた。

したがって国王は仏教の修行者に対してもバラモンに対するように絶大なる尊敬の念をもっていた。

古代インドにおいては、いずれの宗教家に対しても国王は隷属《れいぞく》した存在であると考えられていた。一例をあげれば、国王がバラモンを招いてヴェーダの学問に関する教授を受ける場合、どんなに権勢を誇る大王でも、バラモンの座席より一段低い場所の座席に坐らなければならない。バラモンが大王に見下されて進講するということはありえなかった。

バラモン法典には「弟子は師よりも高い座席に坐ってはならない」（『マヌ法典』二・一九八など）と記述されている。これはたとえ国王であっても、教えを乞う場合は弟子であり、したがって下座につかなければならなかった。

土下座する国王

釈尊も、伝統的宗教であるバラモン教の慣習を継承し、国王を超える宗教家として行動した。たとえ異端的宗教家であっても、普遍的法を説示し、それを体現したブッダとなった釈尊であれば立派な宗教家である。人々の信頼と尊厳を得た聖者であった。国王たちは釈尊に対しても絶大の信頼と尊敬の念をもっていたことを文献は伝えている。

大国マガダ国のアジャータシャトル大王（阿闍世王《あじゃせおう》）が、すでに述べた六人のシュラマナ（沙門）すなわち六師外道を歴訪して現世利益《げんぜりやく》の教えを乞うたことが記述されている（『沙門果経《しゃもんかきょう》』）。つまり国王は、修行中の場所にわざわざ出向いて、教えを受けたのである。

同じことが釈尊の場合にもあった。文献によれば釈尊が自ら王宮に出向くのではなく、国王が釈尊のもとに赴くのである。マガダ国のビンビサーラ王は、ブッダになって精力的にマガダ国内で伝道に励む釈尊に会った。釈尊がラージャグリハ（王舎城）郊外のラッティ植物園でカッサパ三兄弟およびその弟子たちと一緒に修行をしているとき、国王はバラモンや都市の商人たちをつれて訪れている（『パーリ律大品《だいぼん》』一・二二）。

また別の文献には、パーダヴァ山に籠って修行する釈尊のもとにわざわざ車に乗っておもむき、そこで対談したビンビサーラ王のことが記述されている（『スッタニパータ』四〇九偈以下）。このように、マガダ国王は釈尊のもとによく出掛けていったらしい。

こんなとき、国王は釈尊の前でどのように行動したのであろうか。『法句《ほっく》譬《ひ》喩経《ゆきょう》』巻一、「雙要品《そうようぼん》」の記述によって説明しよう。

釈尊はどんな場所にいるときも禅定《ぜんじょう》（瞑想）に入り、坐禅している。乞食《こつじき》や食事や説法をしている以外は坐禅をしている。だから国王が訪れる場合も、突然に訪れることは避け、予約しておかなければならないし、予約があっても、決して坐禅を邪魔してはならない。そこで遠くから釈尊の姿を見て、気づかれたと思われた頃合いを見はからって車を降り、歩み寄るのである。

そして、自ら国王としての五つの飾りをすべて取り除く。それらは剣、天蓋《てんがい》、王冠、払子《ほっす》、靴である。これらは国王としての即位式で身につけるものだが、この五好（五つの装飾物）を取り去ることによって、国王は一介の人となり、信者となる。いわゆる虚飾を脱ぎ捨てるのである。

次に国王は釈尊の前に五体投地する。つまり足もとに頭面《ずめん》を著けて、全身をうつ伏せにし、礼をする。そのあと、自分の身分と名前を三度告げて釈尊に納得させる。そして、持参した供養の物を献上し、釈尊の手と足を水で王自ら洗ってさし上げるのである。

このような記述は最初期の仏教文献にはよく見られる。いずれも宗教家の権威のもとに国王の権威が屈服している状態を示している。国王の権威は世俗的権威であるが、宗教家の権威は国家と世俗を超え、さらに民族的差別を超えた普遍的法を開示し、実践し、体現するものであったからである。

仏教教団と王宮との関係

したがって、国家や国王が、仏教を含め、宗教教団に対して内政干渉を行なうことはなかった。釈尊亡き後の教団に対しても同じである。国家や国王の力は教団の中にまで及ぶことはなかった。

たとえば出家した場合、たとえもとは国王でも、出家すれば出家の年次に従って賤民出身者の下に坐ることもあった。教団の中では、国王もバラモンも富豪者も関係がない。それらは世俗の身分にすぎなかった。

仏教教団の中では、社会における名誉も地位も慣習も通念も通用しなかった。その教団に対して国家や国王が外圧をかけたり、体制側に従属させるような行動を取ったりすることはなかったし、反対に、仏教教団の側から国家や国王に近づくこともしなかった。

わが国には、平安仏教のように体制ベッタリの時代がある。それに反対して反体制の鎌倉仏教が興った。その流れが今日の日本仏教であるはずだが、どういうわけか、現代仏教の多くは親体制の立場である。この立場は釈尊の仏教とはかなりかけ離れたものといわなければならない。

仏教文献によれば、王宮に入ることは罪になると釈尊は述べている。その戒を「突入王宮戒」という。王宮の門戸をくぐり抜けてはならないというこの戒は、国王に近づいてはならないことを意味している。

女性の出家者にもこの戒が適用されるが、理由は、彼女たちが王宮の中に入るとその美観に心を奪われてしまうから、とある（「観王宮浴池戒」）。この戒を犯した女性は賊女、婬女と違わないと決めつけられている。王宮の門戸をぐぐり抜けない、王宮に近づかないという規則から、乞食《こつじき》も当然王宮の中ではしなかった。この規則は、インドの仏教教団では釈尊亡き後も守られた。

出家者が王宮に近づかないという規則は、体制に寄りつかないという釈尊の反社会的立場から出たものであると同時に、王宮生活は出家者の心境をかき乱す誘因ともなるので、多大な悪影響があるという理由から出たものであろう。

国王に自ら進んで近づかない、これが釈尊の立場である。国家や国王から政治的・経済的保護や寄進を受けてはいても、国家や国王に隷属することはなかった。釈尊も教団も世俗から超然としていた。

国王の起源

では、なぜ国王は宗教家に隷属すべきなのだろうか。

先に述べたように、バラモンは神々を信仰し、その権威を国家や国王の権威の上に置いた。釈尊は縁起を普遍的法として、それを人の道の上に実現した。人倫の法として確立したのである。これは国家や国王の権威を超えるもので、国王は人である以上これを守るべきであった。

国王の権威はその意味でこの人倫の法のもとに隷属すべきだと考えられたが、この考え方には、仏教の国王誕生説が大きなかかわりをもっていると思われる。その説を紹介しよう。

宇宙の創成、開闢《かいびゃく》に関する記事を叙述した経典の中に、概略次のようなことが述べられている。

釈尊が弟子たちに説いた。

まず大火災が生じ、その火災が消えたあと、天と地が生まれようとしているときに、多くの生き物が誕生した。それを生んだのは梵天であった。そのころは日月星《じつげつせい》辰《しん》昼夜もなく、真っ暗闇であった。男女の区別もなかった。多くのものが一緒に世に生まれたので、かれらを衆生《しゅじょう》と呼んだ。そのうちに、大地に自然の地味が出てきた。醍醐《だいご》のように美味であった。

人々の中でこの地味を食べ過ぎた者は顔色が悪く、病にかかり、苦痛を味わった。お互いに人々は美貌を競い合ったり、健康のことについて心配したりしだした。

そのうちに自然のうるち米に恵まれ、調味しないでも賞味できた。これを食べるうちに男女の性的象徴が現われ、男女の交わりによって子孫が生まれることになった。男女は一組になって一つの家に住み、これが集まって都市が誕生した。

うるち米は日々労せずして手に入れることができた。これは共有財産のようなものであったが、人は競って余分に手に入れて蓄め込もうとした。ところがそれは自然から恵まれるものであったから、朝刈り入れると夕方には粳《ぬか》がついて腐るほどで、蓄めることができなかった。

ところがある日、刈り取ったら、次の日、うるち米は生えてこなかった。そこで人々は稲田を作り、各自の田を所有することを決めた。私有財産をもつようになった。そして自分の作った米を収穫し貯蔵したのである。

この生活をはじめると、人によって収穫の量に多少が生じ、貧富が現われた。そこで人の米を盗む者が現われ、人々は悩んだ。

人々は集まり、協議した結果、私有の稲田に境界をし、その境界をめぐる問題を解決するみんなの仲裁人を立てることを考えた。かれに保護を依頼し、善を賞し、悪を罰し、かれをみんなの収益の六分の一を出し合って養うことにした。かれは平等主であった。

民衆の中に体が大きく、長身で、容姿端正な、威徳のある人物がいたので、かれを平等主にすることを諮《はか》って、全員の賛成をもって選出した。かれは民主（漢訳された表現）と呼ばれた。民主が世襲化してのちに国王となった（長阿含経《じょうあごんきょう》巻二二、『世記経』）。

国王は民主である

以上の要旨からわかるように、釈尊は、国王は象徴的、あるいは神的権威をもつものではなく、民衆によって選出され、民衆に奉仕する人物であったが、一方でかれは裁判権など大きな実権をもたされていた。

民主主義という語の民主は、本来、中国語にあったものだが、もともと古代中国でも民主は「民の主」の意味であって、「民が主」の意味ではなかったようである。仏教でも民主は「民の主」であった。

仏教では、要するに国王は民衆の衆議によって推挙された人で、税金によって雇われている者と考えられた。かれは人々の生活の安定を守るために選ばれた者であり、一方、民衆は、かれに各自の権利を譲渡し、人々を拘束する権力を付与した、というのである。

国王はこのように性格づけられたので、決して宗教家の上に位置することはできなかった。かれも人倫の道を守る人であると考えられ、もしその法に従わなければ、人後に堕ちると言われた。

しかし、現実の国王はしばしば民衆を苦しめ、痛めつけて、本来の民主の姿からはほど遠い存在であったから、釈尊は、いや仏教は、国王を盗賊と同等に考えた。昼間は国王とその官吏が荒らし、夜は盗賊が荒らすという表現は仏典によく見られる。

7　俗世と出家

出家の意味

仏教教団は出家者の集団である。すべて家を離れた人たちである。

出家とは家から出ることだが、建物としての家を出ること、家族から離れることの、二つの意味が考えられる。

前者の意味では、出家生活には定住の場所がないこと、雨露をしのぐ決まった建物を所有しないことが表現されている。つまり、私のものという固定的場所をもたない生活が出家生活である。

後者の意味では、出家生活は、広い意味で愛するものからの遠離《おんり》である。家庭をもつ者にとっては親・妻子からの離別であり、社会的には名誉・地位・栄光などとの断絶である。愛するものをつくらない生活に入ることが出家であった。

古い仏教文献である『真理のことば』（法句経）の第一六章を引用しよう。その中の三偈は次のようにのべている。

愛する人と会うな。愛しない人とも会うな。
愛する人に会わないのは苦しい。
また愛しない人に会うのも苦しい。(二一〇)
それ故に愛する人をつくるな。
愛する人を失うのはわざわいである。
愛する人も憎む人もいない人々には、
わずらいの絆《きずな》が存在しない。(二一一)
愛するものから憂いが生じ、
愛するものから恐れが生ずる、
愛するものを離れたならば、憂いは存在しない。
どうして恐れることがあろうか?(二一二)

中村元訳『真理のことば・感興のことば』(岩波文庫)

このように出家生活は、自分の場を定めない、そして愛するものをつくらない生活であった。この二つは連関している。自分の場を定めることは、そこにとどまることであるから、自然、そこの場に愛着をもつようになる。行雲流水《こううんりゅうすい》のように生きる。それが出家のあり方であった。

出家生活は仏教の修行者だけが行なったのではない。むしろ仏教はバラモンの修行生活を踏襲している。

バラモンは僧侶階級である。その生涯は連続した一種の修行生活だといえよう。第1章で述べたように、かれらは生涯を四つに区分してそれを節目にして生活したといわれる。その最後の時期、すなわち遊行期と呼ばれる定住場所のない行雲流水の生活を仏教の修行者も踏襲した。一人旅である。道づれのない遊行生活である。

文献には、釈尊は多くの弟子をつれて遊行したように述べているところもあるが、弟子には、単独でサイが広野をただ一頭で闊歩するように遊行せよと教えている。既述の通り、グループをつくって遊行したシュラマナは多いが、釈尊はそれを避けている。

出家と布施

出家生活は乞食《こつじき》の生活であった。仏教の出家者は一切の生産活動を禁じられていたので、信者の布施に頼るしか食物を得る方法はなかった。乞食の生活を送り、修行する人をパーリ語でビックと呼んだ。この原語の意味は「もの乞いする人」である。この音写訳が「比丘《びく》」である。女性の場合は「比丘尼《びくに》」というが、これの原語は「ビックニー」である。原語では女性形を表わす語尾「ニー」がついており、これを音写訳したのが「尼《に》」である。これが独立して用いられ、一般に「あま」と読まれる。

比丘といえば、仏教の修行者だけを指すと考えられているが、原語の意味から、当時は他宗教の修行者も比丘と呼ばれていた。修行者を比丘と呼ぶことが一般的であったのは、当時の社会に乞食遊行者が多かったことを意味している。また、乞食遊行者を支えるだけの経済的ゆとりのある社会であったともいえる。その背景としては、商工業の発達によって物が豊富になり、大金持の商人が多く台頭してきたことが考えられよう。

こうした社会情勢の一方では、出家者への布施は天に生まれる功徳を積むという信仰が強調され、布施行が勧められていた。これは釈尊の説法でも同じであった。在俗者への説法では、まず布施を行なうこと、戒を守ること、そして天に生まれることの三つが最初に述べられている。つまり乞食する修行者に布施をし、五戒を正しく守るならば、必ず死後、天に生まれることができると説法するのが常であった。

仏教教団の場合も、一般信者に支えられて出家生活は成立し、仏道修行を正しく実践することができた。ただ、こんな出家生活は一般信者のお恵みによって成立するわけであるから、俗にいえば、働かずに「ただ飯」を食っている生活と考えられることもあった。かれら乞食遊行者たちの生活は気楽なものだという人々もいたのである。

「こつじき」と「こじき」の違い

食べ物を乞うという点で考えれば、いわゆる「こじき（乞食）」と変わるところはない。出家者の乞食《こつじき》と「こじき」はどこが相違するのであろうか。出家者の乞《こっ》食行《じきぎょう》といって、一つの修行と考えられているが、この乞食の修行の真髄を示す話が譬えを用いて教えられている。『スッタニパータ』第四経に農耕者バーラドヴァージャと釈尊の対話があり、ここに興味深い教説が記述されているので、簡単に紹介しよう。

釈尊がマガダ国のダッキナーギリにあるエーカナーラーというバラモンが居住する村に滞在していたことがあった。

ちょうど穀物の種子をまく時節で、人々はその仕事で忙しかった。バラモンの農耕者バーラドヴァージャも五百ほどの犂《からすき》を牛たちにひかせて、種まきの準備に追われていた。そんな忙しい最中にも、いつものように、かれは施しのために人々に食物を分配していた。そこに、釈尊が乞食に通りかかった。釈尊もその分配にあずかろうとして立ち寄り、かれから施食《せじき》を受けようとした。ところが、かれは釈尊に向かって、

バラモン「ご出家さま、わたくしは地を耕し、種をまき、そのあとで食事をするのです。ご出家さま、あなたも地を耕し、種をまいたあとで食事をなさったらどうですか」

釈尊「バラモンよ、わたくしも同じように、地を耕し、種をまいてから食事をしています」

バラモン「しかし、お見受けしますと、あなたには軛《くびき》も犂も、犂の柄も、鞭《むち》も、牛もないではありませんか。それなのに、あなたは『わたくしは地を耕し、種をまいてから食事をしている』とおっしゃっていますが、一体どういうことでしょうか」

釈尊「わたくしにあっては、心が大地です。信が種です。戒が雨です。智慧が軛と犂です。反省が犂の柄にあたります。禅定が犂を縛る縄です。正しい思念が犂の先と鞭にあたります。軛をかけた牛は努力のことです。これが涅槃《ねはん》(悟り)の境地

に導いてくれるのです。このように耕作すると、その実りは不死です。これがわたくしのいう耕作です。わたくしはこの意味で心の耕作者です」

一つ一つの譬えが見事というほかはない。出家乞食者の生活が農耕生活に欠かせない大地、種子、道具、天候などをもって説明されている。この説明で自明のように、出家乞食は、たんにただ飯を食うということでなく、つねに悟りへの資糧として行なわれている修行といわなければならない。

出家者は心を耕作する人である。大地なる心を智慧をもって耕し、信という種をまき、戒という雨をもって潤している。散乱しがちな心を禅定という縄で縛り、正しい分別にもとづいて自分の心を鞭打ち、怠惰のない努力という牛に引導されて悟りへ向かう修行が、乞食出家生活である。

出家生活は隠遁ではない

出家生活はインドでは、いわゆる隠遁《いんとん》生活ではなかった。出家生活がたんに精神面だけでなくあらゆる面で俗世と断絶した生活と考えられるようになったのは、仏教が中国や日本に伝わってからである。深山に草庵《いおり》を結んだり、僧院を建築したりして、まさに仙人のような生活をして修行するのが出家生活と考えられた。

隠遁の生活であるから、日々の食生活が問題となる。つまり乞食ができるような都市に近い場所にいるわけではないから、乞食ができない。したがって食物は自給自足の生活の中から得るよりほかない。

そこで、修行者は深山のわずかな土地を耕し、田畑を作り、作物を栽培するようになった。修行者の生活は乞食生活から耕作生活へと移行したのである。

とくに中国の禅宗の修行者は、深山に住み、自給自足の生活をした。達磨《ダルマ》の法系を継ぐ禅僧の中で、道信《どうしん》（五八〇～六五一年）や弘忍《こうにん》（六〇二～六七五年）という修行者は、五百人あるいは千人という弟子を擁して団体生活を送っている。山中での修行生活はすべて耕作を中心とした自給自足であったから、ここに耕作と勤労を唯一の仏道修行とする思想が生まれてきた。

八世紀になると、百丈《ひゃくじょう》懐海《えかい》（七四九～八一四年）という禅僧が修行者の団体規則を作ったが、かれは弟子に「一日不作、一日不食」（一日働かなければ、一日食事をとらない）と説いたことで有名である。これは団体生活がすでに耕作と勤労の生活であったことを物語っている。

この耕作と勤労が出家生活では当然のことのように今日の仏教界は考えているが、

じつはこれこそ、仏教の本来のあり方に真っ向から違反する生活といわなければならない。

インドの仏教では出家者は生産活動をしない。というのは、生きものを殺さない不《ふ》殺生《せっしょう》の戒があったからである。耕作と勤労はインドの仏教では考えられないことであった。田畑を耕し、作物を栽培することは、釈尊によって堅く禁じられたのである。

中国の禅僧があえて不殺生戒に違犯した生活を送ったのは、耕作と勤労がすなわち仏道であるという第一義があったからではない。出家生活とは山中に隠遁することと考えたからでもあろうし、あるいは社会的情勢から山中に生活を送らなければならなかったという必要からでもあろう。

隠遁生活を送れば、当然乞食はできない。したがって自給自足の耕作と勤労の生活が強いられることになるわけである。

インドの仏教教団では生産活動がすべて禁じられたわけであるから、その生活は乞食生活が中心であった。乞食は大事な修行と考えられ、乞食行《こつじきぎょう》と呼ばれた。乞食するにも規則がつけられるほどであった。それはちょうど、中国の禅宗で耕作と勤労が大きな比重をもつ修行と考えられたのと同じであった。

出家と俗世との関係

乞食によって、出家者はつねに一般の信者と接触することができる。これは教化の大きな方便となった。乞食を日々行なうことで人々に接する、街の中に入る、社会の動きを眼のあたりに見られるという利点もある。

この意味で、出家生活は決して隠遁生活を意味するものではなかったといえる。深山の人跡の絶えたところに修行の場を求めたのが出家生活ではない。つねに乞食ができる地理的条件がそこに考えられていた。

マガダ国のビンビサーラ大王が釈尊に帰依したあと、このブッダをどのように遇したかというと、大王は「村から遠すぎず、近すぎず、往来に便利で、会いたい人々が往きやすく、昼は静かで、夜は人声が聞こえず、人跡絶え、人に煩わされることがなく、瞑想するに適したところ」(『律蔵大品』一二二・一七)に住んでもらうべく、竹《ちく》林精舎《りんしょうじゃ》を建て、寄進したといわれる。釈尊はこの精舎の寄進を快く受けている。

この一事からもわかるように、仏教の出家者はつねに俗世との接触の上で成立している。たしかに精神世界では俗世と隔絶、あるいは俗世を否定しているが、生活のあり方は決して俗世と無縁のものではなかった。

それは、つねに迷える者を救うことに出家者の理念があったからだと考えてよいだろう。たしかに乞食生活を送らなければならないという事情があったにしても、それだけの理由で、俗世と接したとは考えがたいのである。

もう一つの理由もある。既述したように、在俗信者は出家者の乞食行《こつじきぎょう》を契機にして布施ができる。すぐれた出家者に布施をすれば、死後、生天できるという強い信仰があるので、布施こそ、かれらの唯一の善行ということになる。布施は、在俗信者にとって一種の修行といえる。布施行《ふせぎょう》を成就するには、どうしても出家者の乞食行がなければならない。

釈尊時代には、出家者は乞食行を通して、在俗信者は布施行を通して相互に接触し、それぞれが善根功徳《ぜんこんくどく》を積むことができるという関係になっていたようである。

釈尊は中道の生活を説いている。この立場からすれば、俗世との完全な断絶は俗世の一方的な否定であり、極端な生き方であるということになる。これは中道の生活とはいえない。出家生活は中道の実践生活であり、それを実現する生活でもあるから、俗世を一方的に悪ときめつけて否定しさることは、自己矛盾に陥ることになる。

すでに述べたように、出家生活は禁欲と快楽との二つの極端をはなれることである。これについては、『感興のことば』という仏教の古い経典（中村元訳、『真理のことば・感興のことば』岩波文庫、二四六ページ、第一二偈）の中に記述されている。何ごとにもこだわらない生活が出家生活である。

具体的にいえば、なんらかの技術を学んだり、病人などの看護をしたり、物まねをしたり、神を祭ったり、財産を所有または保護したりするなどは、俗世の極端な生き方とされていたようである。見方によっては、釈尊は利他的なこと、あるいは他人に手を貸すことなどをあまり奨励せず、むしろ世事に手を染めないことを勧めたともいえる。

こだわりのない生活ということについて、釈尊は次のように述べている。

執着《しゅうちゃく》の条件に依って苦しみが起る。
苦しみは執着の条件から生ずるものである。
執着の条件がすべて滅びたならば、
苦しみの起ることはない。
（中村元訳、『真理のことば・感興のことば』岩波文庫、
二八八ページ、三七偈）

人々の苦しみはすべてこだわりの心から生まれるという。欲をなくせとはいわない。欲にこだわるから苦しみを味わうことになる。なぜこだわりの心が起こるのか。それは私とか私のものとかいう自己中心の心の働きがあるから、その私という観念が欲にこだわる心を起こさせるというわけである。

根本的には私、私のものという観念を捨てさることが要求されるが、これを捨てさることは「自己」の生活を無にすることになる。それでは一体仏教は何を人に教えようとしているのかわからなくなってしまう。

釈尊はこだわりの心、とらわれの心をなくせといった。欲を捨てろとはいわない。欲から遠く離れろと教えた。「滅欲」ではなく「離欲」を教えている。仏教では滅は一般に平和・安らぎを表わすことばである。したがって滅欲という表現はないといえる。離垢《りく》（vītamala）、離繋《りけ》（visaṃyoga）、離貪《りとん》（vītarāga）、離欲（virāga）などと漢訳された言葉の原語はみな、vi とか vīta とかを付けている。これは「去った、遠くに、離れて」などの意味をもつ接頭辞である。

仏教では汚れも、汚染も、貪欲も、煩悩も滅却しろとは教えていない。ただそんなものにとらわれたり、こだわったりしてはならない、遠く離れろという。あと追いすることを戒めている。

釈尊は極端に走ることを禁じた。中道とは、あらゆる行為の行き過ぎを戒めた「遠《おん》離《り》」の生き方であった。

魚も肉も食べた

わが国では僧侶は肉食をしないものと考えられているが、じつはすでに見たように、五戒の中に飲食に関しては酒を飲まない戒はあっても肉食しない戒は見当たらない。釈尊は出家者の飲酒は厳しく禁じているが、自ら手を下して魚や羊を殺して料理しない限り、つまり布施によって得た肉料理は食してもよいことになっていた。肉食する僧侶を「なまくさ（生臭）」坊主というが、仏教本来の意味では、戒律を守らない僧侶をいい、肉食の僧侶を指すのではない。

釈尊の従弟に当たるデーヴァダッタ（提婆《だいば》達多《だった》）は、ヨーグルト、塩、魚、動物肉を食べてはならないのが出家者の正しいあり方ではないかと釈尊に進言したことがある。たしかに不殺生戒を守る立場からすれば、たとえ布施されたものであったにしても、これらを口にすることは破戒といえる。

ヨーグルトも羊乳、牛乳からできたもの。塩は生活必需品であるが、なかなか手に入らない貴重品である。こんな貴重品を質素を旨とする出家者が口にすることは贅沢と考えたのか、食べるべきでないと言った。

この進言に対し、釈尊は、既述のように、布施で得たものならば食べてよいとした。そして、油、バター、蜂蜜、砂糖を付け加えている。これらは栄養価の高いものである。

これで見れば出家者の食生活は決して栄養価の低い貧しいものではなかったと考えられる。釈尊が苦行を捨て、村娘から牛乳をもらって飲んだという一件によって、釈尊は修行仲間から堕落したときめつけられたことが、伝記の中に大きく取り上げられている。牛乳、ヨーグルト、バターなども含めて、いまここに挙げた食べ物は修行者が口にしてはならない禁食品目であったことがわかる。その中の牛乳を飲んだことは、たしかに当時の修行者たちの非難を受けるに充分な行為であったのだろう。

いま、釈尊がその延長線上で、教団が隆盛を極めようとするときに、一般に修行者の禁食とされている前記の品目を出家者も食べてよいとしたことは、当時の修行者たちにとっては驚きであったと思われる。釈尊は、肉体を衰弱させてどうして健全な思考が得られ、正しい智慧が得られようかと考えたのである。古代ギリシア人の「健全なる肉体に健全なる精神が宿る」という考え方に一脈通じるものがある。

教団は社会共同体のひとつ

釈尊のもとに帰依した信者が多くなり、弟子になる者も日を追って多くなっていくと、どこかにやはり教団の拠点となるところが必要となった。釈尊はマガダ国の首都ラージャグリハ（王舎城）の近くに竹林精舎の寄進を受けた。またコーサラ国では首都シュラーヴァスティー（舎衛城）の近くに祇園《ぎおん》精舎の寄進を受けている。その他にも説法の場所として精舎を寄進されている。それらはみな乞食の可能な地理条件をみたし、遠からず近からず、人声のしない静かな場所に建てられたものばかりである。

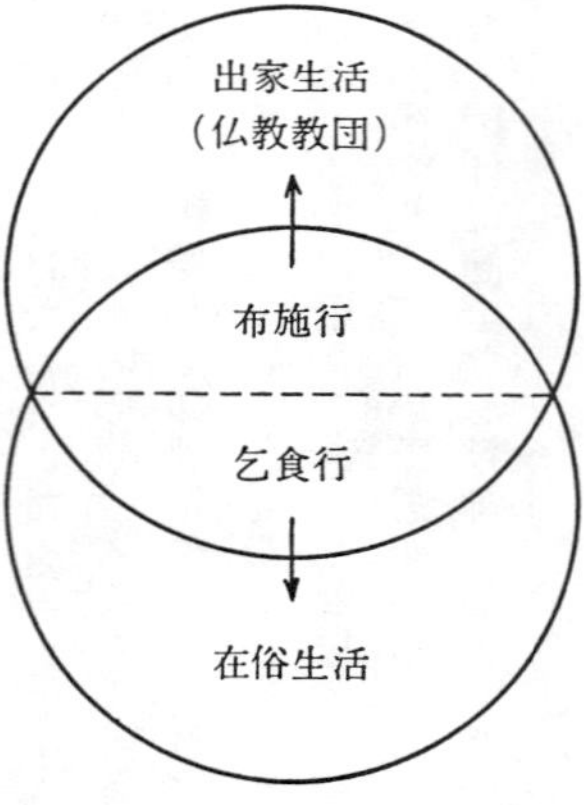

世俗の生活とは乞食と布施を通してつながっている。俗生活を俗とし、出家生活を聖とすれば、俗の領域と聖の領域とは断絶していない。聖の領域が俗の領域と交差しているところがある。

その交差しているところは、乞食であり、布施である。これら二つのものがそれぞれ一種の修行という形態で受け取られて、その実践を通して両者は一つの社会共同体の中に共存しているという意識がもたれている。

出家者は乞食しなければ、生活ができなかった。乞食は俗の世界に入るのでなければなりたたない。ただし、俗に染まらない生き方、考え方を根底に確立しておく必要がある。そこで俗を否定せずして俗を離れるという生き方、考え方が生まれた。

一面では俗生活の上に出家生活が依存しているということであれば、カースト制を頭から否定する階級制廃止論を、教団が社会運動として表面化することはできなかったと考えられよう。既述した階級制度の廃止運動を積極的に釈尊が進めなかったことは、教団生活が俗生活の上に成り立っていたからであろうか。

社会共同体の中に共存する以外には、教団は生活の道を現実にもたなかった。したがって釈尊は意識の上で階級差別を改革しようと考えたが、社会制度上、階級制度廃止を唱えたのではなかった。意識の上では改革したが、制度という屋根まで取り換えることはしなかった。俗世界に生きるかれの姿の一面をここに見ることができよう。

8　霊魂を否定し、無我を唱える

古代インドの世界創造説

世界の成立について、古代インド人は、一般には、世界は最高神、あるいは一なる絶対者によって創造されたと考えた。これに対して、かなり科学的合理性をもった思想もあった。世界はいくつかの原理的要素が集まって構成されているという考えである。前者を転変《てんぺん》説といい、後者を積集《しゃくじゅう》説という。

インド最古の文献である『リグ・ヴェーダ』には、世界の成立について、いろいろの説があったことを教えてくれる記述がある。その第一〇巻の「創造讃歌」は、人格化された最高神による世界の成立とその展開を述べている。これは転変説の立場である。

たとえば、ヴィシヴァカルマン（一切を創造する神）が木材で世界を創造したという創造説、鍛冶工が金属を接合するようにその神が世界を創造したとする説、あるいは、一創造神が大海中に「黄金の胎《はら》」として現われ、天地を創り、生命を与え、太陽を支えたという説などが見られる。また、「プルシャ讃歌」のところでは、プルシャ（原人）が最初にいて、かれの身体の各部分から世界は生まれたという説もある。その一例をあげると、

口からバラモン、両腕から王侯貴族、両腿から庶民、両足から奴隷が生まれた。意《こころ》から月、眼から太陽、口からインドラ神、火神、呼吸から風神、へそから空界、頭から天界、足から地界、耳から方角などが生まれた。

これは巨人解体による世界創造思想であり、汎神論的思想である。典型的な転変説の一つと考えてよい。

この転変説を受け継いで創造説は発展し、さらに真実なる唯一者を求めた。そしてそれをブラフマンとか、イーシヴァラとか、ヴィシヴァカルマンとか、アウンとか呼んだが、最後はこの実在をブラフマン（梵《ぼん》）という呼び名で統一した。ブラフマンは、世界や個々の生き物に遍在しているが、われわれの感覚には識別されず、理性によってのみ識知される。これは実在の中の実在であり、不滅で永遠で遍在で、いつも眼の前にあり、あらゆる存在するものの根源である、という。

では、このブラフマンはどのようにして認識されるのであろうか。自分にブラフマンの分身として内在する我（アートマン）を自覚したときにブラフマンを知ることができるという。我（アートマン）はブラフマンの分身であるから、これは偉大なる大我であり、ブラフマンと同じく、永遠不滅で遍在である。

すべての存在しているものにはこのアートマンが内在するという。つまり、ブラフマンが自分自身を放出することによって世界は成立したとする思想である。

この世界創造を今日的表現で言えば、一つの霊魂があって、それから世界は創造された。創造されたものにはその分身が内在する。それが霊魂の内在という考えにつながるのである。

アートマンのサンスクリット語 ātman の動詞語根は an で、「呼吸する」の意味をもつ。これの名詞形がアートマンで、生命の根源と考えられる霊魂の意味をもつようになる。さらにこの語は身体、さらに自己という意味に変化した。もともと中心的なもの、根本的なもの、身近なもの、内的なものなどに共通する意味をもつ。ここにブラフマンが放出転変して、われわれの生命、あるいは霊魂として内在しているのがアートマンと考えられるようになった。

このような転変説に対して、積集説、すなわちさまざまの要素が集まって世界は成立したとする説だが、すでに第1章で紹介したように、六師外道の中のアジタの四要素説、パクダの七要素説がこれにあたる。またこれらの要素説の影響を受けたとされるヴァイシェーシカ哲学学派も要素説を発展させて一種の原子論を展開している。

要するに、これら積集説は一つあるいは数種の原理、あるいは要素を立てている点で共通しており、それらが集合して世界は創造されたとする説である。

以上の二つの創造説の中で、仏教は積集説の立場をとっているといえる。

空《くう》とは

釈尊は世界は因縁によって生成していると考えた。神も不滅原理も立てず、ものは種々の因縁の作用によって結果するというのである。そして、それぞれの因縁もまた他の因縁によって生成しているのであり、世界中にあるものに因縁に依らないで存在するものは一つとしてないと考えた。

この考えは、釈尊の直観によって発見された真理にもとづくものである。したがって、仏教の法は、釈尊が考え出した思想ではなく、釈尊によって発見されたものであると仏教では教える。釈尊自らが、この真理は私が発見する以前から、生まれる以前から厳然としてあったものだ、と述べている。

ものはみな、いろいろなもの同士のかかわりの上で成り立ち、また他のものを因縁として現象している。これを仏教では縁起（詳しくは次章以下参照）という。第一原因、絶対原因というものがない。

では因縁となるものはどのような存在かといえば、仏教では、ものはそれ自身の固有の実体をもたないと教えている。ものにそれ自身を特徴づける自我、恒存的な実体がないということである。これを「空《くう》」と表現した。

仏教の古い文献では、「一切は虚妄である」（『スッタニパータ』九一一三偈）とか「世界を空《くう》と観察せよ」（同一一一九偈）と述べている。空そのものは実体ではない。これはものの本来的あり方を表現することばであって、ものの本質としてある実体ではない。

空の原語はシューニヤといい、もともとの意味は、ふくれあがって内部がからっぽなことをいう。これが転じて、無い、欠けた、という意味で用いる。

ものは本来空《ほんらいくう》であるから縁起（因縁によって生起している）しているといえるし、また縁起しているから空であるともいえる。釈尊の教えからいえば、すべてのものが縁起しているのは、ものに本来、永久・恒存の実体がない（諸法無我《しょほうむが》）からということになる。

縁起しているのは、ものに自立自存できるものがないからであり、それぞれのものが固定的でなく、限定的でないからである。これを要約すると、ものが縁起しているのは、本来、ものが空であるからということになる。

空といっても、いわゆる無いということではない。仏教で一切法皆空《いっさいほうかいくう》という表現があるが、これはすべてのものの存在自体がないというのではない。つまりいま眼の前に見える机や椅子や置物などは現に認識されるが、それらは本来実在するものではなかったという意味で空といっている。その意味で現に知覚し認識しているものはただ因縁によって生起したものを感覚しているということになる。

いま現象している存在を否定するものではない。ものは幻だ夢だというが、ものの存在を否定してしまっては話にならない。ものは幻のごとしといっても、それも幻や夢の存在を現象の上で認めているからいえるのである。現に形あるものの存在を無いというのではない。

空とは本来空ということである。たとえば、夢を見る。夢にうなされる。夢の中で喜ぶ、怒る、泣く。みな夢は現実に実感されている。ちょうど眼がさめているときと同じように感情で表わされている。この事実は否定できない。この事実を空というのではない。しかしその夢もさめてみると事の次第は一瞬に消失してしまう。そこにはなにも夢の痕跡《あと》は残らない。そこで夢には本来人間を迷わせるような固定的なものがなにもなかった、つまり夢は本来空であったというのである。このようにものの本来性を指して空といっている。*

この考えから、仏教は、ものに心がとらわれてはならないという実践倫理を説いた。ものは本来空であるから、いま形あるものにしがみつき、永久にそうあってほしい、こうあってほしい、あるいはこのままの状態が続いてほしいと念願、希望、予想をもって執着しても、いずれ、それらに遅かれ早かれ、裏切られてしまう。したがってものに執着する観念を捨て去れと教える。

＊ 空の語はサンスクリット語のシューニャ（śūnya）を漢訳したもの。シューニャは形容詞形で「欠けている、空っぽ、うつろな」という意味である。

空はもののあり方を表わしたことばである。空は空っぽ、うつろな、欠けているという意味であるから、空があるとかないとかはいえない。したがって「空がある」とか「空がない」という言い方はできない。「欠けている、うつろな」とか「空虚、欠如、無」とかが悟りであるとか、解脱であるとかいうのもおかしい。

『仏教語大辞典』（東京書籍刊）に説明されている空の語義をみると、要約するに、空はなにもないことでなく、あるべきはずと考えられたものがないことで、いわゆる「無」、つまり存在しないというのではない。

また、空の意味から、永遠なもの、恒久的なもの、具体的にいうと霊魂や自我などがあるという邪見を否定することばでもある。

さらに世間にあるものを対立的に、また比較して見たり、固定した考えや極端な考えなどによってものを見たりしないことである。つまり常識や習慣や慣習などの枠にはめて見たり、考えたり、行動したりしていることに反省を促したことばであり、思想である。

śūnya の動詞シヴァヤテー（śvayate）は「膨れ上がる」という意味で、過去分詞形がシューナ（śūna）で、形容詞として「膨れ上がった」という意味である。このことばはインドの医学書ではとくに病的にむくみや腫《はれ》あがった状態を表わすことばで使われていたようである。

このことばはもと膨れるとか膨れているとかの状態を表わす意味を持ち、これが仏教では実体が欠けていることを表わすことばとして使われているが、筆者は実体がないという意味だけではいいつくせない内容を釈尊はこの一語に込めていたように思われる。

つまり釈尊は世界は縁起しているという法を発見したといわれる。その縁起はすべてのものは様々な因縁が和合して生起し、生存し、発展し、増大し、増加し、繁栄し、また、衰退し、死滅している。これは世界に存在するものはみな千変万化していること、すなわち諸行無常であることを意味している。このすべてのもののあり方が空だと釈尊は説いた。一体、釈尊はものはみな実体がないという意味を最初に考えたのだろうか。

すでに述べたように空の原語の意味は「膨れ上がった」であった。この意味が重要である。確かに「空虚な」とか「空ろな」とかの意味をもってすでに仏教以前のヴェーダ文献やブラーフマナ文献というバラモン教の宗教文献の中で使われていたが、釈尊はバラモン教の宇宙創造神や絶対者といわれる唯一の神などの永遠不滅の存在が空虚で、うつろであるというために空のことばを使ったと考えられる。もちろん釈尊が世間のあらゆる事象は空虚でうつろであることを空の言葉で表わしたこともいうまでもない。

しかし空のことばをすでに述べた縁起の法と併せて考えると、釈尊がいいたい縁起の法をこの空虚でうつろなという意味だけでは十分に言い表わすことはできない。

釈尊は縁起しているから空である。空であるから縁起していると説いている。縁起している世間のあらゆる事象はことばにつくせない複雑なかかわりで成り立っていて、みな複合して、相乗して、融合して生成し、増大し、増長し、それがさらに千変万化し、そして様々な形で消滅していく。このあり方が種々の因縁が和合する縁起である。

これを空と表現したのは単に空虚であるとかうつろであるとかの意味で表わしたのだろうか。釈尊は最初、世間は膨張しているのだ、膨張したものだと考えていたのではないかと考える。

つねによく気をつけ、自我に執着する見解を打ち破って、世界を空（suñña）と観察せよ。

（『スッタニパータ』第一一一九偈）

世間のあらゆる事象は無常である、苦である、そして私のものなどないという思想を単に空虚であるとか、うつろであるという意味だけの空で理解すると、虚無主義と誤解されかねない。ここの空を「膨張したもの」と解釈したらどうなるか。世間は縁起しているという理法はもののあり方をありのままにとらえることを教えたのであるから、それは現実的であり、生き生きしたものであることを考えると、空を膨張した（もの）という意味で理解することができるのではないか。これはあくまでも筆者の解釈であるが、この意味で空のことばを理解すると仏教思想は時代を先取りしているといえる。

身体は五つの要素の集まり

仏教には、最初期から、客観世界は地・水・火・風・空間・意識の六つの要素（六界）から構成されているという思想はあったが、それらがどのようにかかわり、構成されて世界が成立したかについては詳細な説明はない。

主観世界、とくに人間という個体についても同様である。仏教は、身体を構成する要素を五つと考え、これを五蘊《ごうん》と呼んでいる。つまり、身体は色かたち（肉体）と心とで構成されるが、心はまた感受作用と表象作用と形成作用と識別作用とによって構成される。これらを総称して五蘊（五つの集まり）といい、これを身（集まりの意）という。

この身を構成する五蘊も一つ一つは本来空であり、そこに私のものという実体も、永久恒存性の原理は何一つとしてない。本来空である五蘊によって構成される身は、したがって本来空ということになる。だから、私どもはその身にわがものという所有観念をもってはならない、とらわれてはならないと教える。

このように、ものの本来性は空であると正しく考察し観察する心のはたらきを智慧というが、この智慧をもつ人を一切知者《いっさいちしゃ》と呼んでいる。

そこで一切知者の境地は、ものに対する執着がすべてたち切られており、「その人の行く境地は空であり、足跡がなく解脱している。あたかも空行く鳥の跡のように、その足跡に従って行くことはむずかしい」(『テーラガーター』〈長老の回想詩〉九二偈)といわれている。人の足跡をたよりに歩みを進める者にとって跡を残さない鳥の飛んだ跡をたどることはできない。かたちにとらわれる者が、本来空の世界を見ることはできないが、一切知者は本来空の世界を見ることができる。

五つの要素をたとえる

『泡沫』と題する経には、五蘊は本来空であることを、泡の群れ、水泡、かげろう、芭蕉、魔法という譬えで表現している。述べているところを要約して紹介しよう。

ガンジス河に浮かぶ泡の群れは、中身はからっぽで、本体がない。そのように肉体は見かけだけのもので、本来空である。

秋になり大雨が降ると、水面に多くの水泡が生じる。その中身はからっぽである。そのように、感覚も本来空である。

夏のおわりの真昼の日照りにかげろうが立つ。これも本体がなく、形相がない。そのように表象は本来空である。

林の中の芭蕉の木は樹芯をもたない。本体がない。そのように意志は本来空である。

魔法使いが大通りで魔法を見せている。じつはそれらは本体のないもの、本物でないものである、そのように意識は本来空である。（相応部経典巻三）

このように釈尊は、人身はたしかに五つの要素から構成されるが、それら要素自体が永遠不滅の原理ではないといい、そんな要素から構成される人身にどうして霊魂や神の分身が宿るだろうかと教えている。五つの要素の集まり、それらが因縁となって人身は生成するというのが釈尊の考えである。この霊魂否定の思想を無我説という。

アジタおよびパクダとの比較

第1章の中で見た唯物論者アジタの四要素説やパクダの七要素説と比較してみよう。かれらも積集説を唱えている。

アジタの積集説は、地・水・火・風というただ物質だけによって身体は構成されるとし、それは死後存続しない。つまり地の要素は地の集合の中に、ないし風の要素は風の集合の中にそれぞれ帰入するという。かれの要素説には精神的要素はない。その点で釈尊の要素説とは異なる。また、釈尊の要素説は死後の存在についてはとくに述べるところはない。

そして釈尊は、五つの要素が死後、なにかの本体に帰入するともいっていない。ただ本来空であるものがいま一時の形を保っているにすぎないというだけで、いずれ消滅すると考えている。この意味では死後はいまの形が相続して存在するという見解を否定する立場である。

パクダの七要素説は地・水・火・風の物質的要素と、苦・楽・霊魂の精神的要素との七つから身体は構成されると説く。物心両面の要素の積集を考える点では、内容は異なるとしても釈尊と同じ趣旨を述べている。釈尊は物質的要素を分析せず、単に肉体というだけで、かえって精神的要素を細かく分析した点が特色である。

パクダは、七要素が死後も存続するとした点で、釈尊の考えと違っている。パクダは霊魂不滅を考えている。死後、苦と楽は行為の報いとして霊魂に付随して残ると説いた。釈尊の五要素説は本来空という考えに立っているから、死後存続するものは何一つない。したがってそこから霊魂不滅説は生まれてこないのである。

現世利益を説く

釈尊は、世界の成立についてとくに熱心に説明しようとはしなかった。世界の成立を論ずることは、今日のように科学が進歩した時代においてさえ、神話を語るに似ている。いまだ想像の域を出ない学問の領域といえよう。

世界の成立を知り、その発達の歴史を知り、また人類の起源について知りうる時がいつ来るかわからないが、その時代にはもう人類はこの世界から消滅してしまっているのではないだろうか。人類にとって、世界の成立を知ることは、永遠の達成不可能の課題かもしれない。

人類の歴史は、世界の誕生後の歴史の中では、数十巻の百科事典の一ページの記事にも満たない短い時間である。人類の誕生についてさえわからない人間が、どうして世界の成立を論じる力をもち合わせているだろうか。

釈尊は世界の成立を論ずる暇があったら、生きている間に自分の悩みや苦しみを解決することに専念せよと教えている。現世利益《げんぜりやく》を与えることがかれの伝道の主眼であった。

原始経典を見ると、釈尊は、人とは何か、人は何によって構成されているのか、人はどうして苦しむのか、なぜ迷うのか、人の根本悪は何か、などについてしきりに述べている。

人の老死の現実的苦しみの由来について問うのが、釈尊の立場である。かれは、すべてのものはみな苦（思うようにならないこと）である、と喝破している。老いるという苦しみ、死ぬという苦しみはわれわれに切実な問題である。その苦しみは何が原因であるのか、それは人がもっとも知りたいところである。

そこで釈尊は、老と死との苦しみは人の感覚的欲へのとらわれと、世界のあり方についての無知とに起因すると説いた。これについては次章で詳しく説明するので、ここでは省略する。

以上のように、ものの成り立ち、人身の構成、人の苦悩の原因などについて、釈尊の説明はすべて合理的考え方の上に立っており、そこには霊魂内在説、霊魂不滅説、霊魂転変説など少しも介在する余地がない。いまの生き方、考え方がいかにあるべきかだけが問われている。

輪廻とは

霊魂について説くことがなく、霊魂の存在を否定する立場にあった釈尊は、一体、来世をどう考えたのだろうか。

霊魂の存在を認める立場にある人たちは、生き物が何らかの形で来世も存在することを仮定した。それは生まれ変わりを意味する。生き物が車輪の回転するように繰り返し生まれ変わることが「輪廻《りんね》」と呼ばれる。

釈尊は輪廻転生《てんしょう》を説かなかったのだろうか。人が輪廻転生しないとすれば、一個人の来世はない、今世限りの生涯、一過性の生命ということになる。これは先述したアジタの思想と同じで、断滅論になる。といって、来世があるという立場をとれば、釈尊はいわゆる霊魂の存在を認めたことになる。そうであれば、釈尊の無我説は根底から崩れてしまうことになる。

釈尊は、一体どのような立場から、今世と来世とのかかわり、つながりを説いたのだろうか。この点について述べる前に、古代インドの輪廻思想を簡単に紹介しておこう。

輪廻のことをインド原語でサンサーラといい、「流れること」が原意である。これは一般には「世間」「世界」という意味で用いられる。漢字の「世」はうつり変わること、流転することの意味であるから「世間・世界」はうつり変わるところ、流転する領域ということで、サンサーラの意味がよく表わされている。これがのちには世界観、人生観などと結びついて、生まれ変わることを意味する用語となった。

古代インド人の中では、輪廻の観念は人の行為（業《ごう》）と結びついて形成された。人の心づかい、言葉づかい、身のふるまいなどから生まれた行為は、それがどんなものであっても、次になんらかの報い（効果）を生む。遅かれ早かれ果報を受けるのである。喜びの、あるいは苦しみの果報が生じるのであって、たとえ死をもってしても、この因果関係を変えることはできない。人の「行為（業）はそのまま残る」のである。これがインド思想の特色の一つである。

行為は行為を生むというわけである。一つ一つのいまの行為が、前の行為の果報として受けつがれ、いまの行為がまた未来の行為の種子となる。したがってこの世界は行為（業）の潜在力によって貫かれているといえる。あらゆる存在が転生して、霊魂が再び肉体をもつことになるのは、みなそれぞれの行為の果報によるところである。

人についていえば、過去の行為の結果として、いまの生存がある。これは自分の意志によるものではない。だから人は宿命的な生存である。この生存中の行為がまた次の未来の生存を生むことになる。この繰り返しを輪廻という。

いまの生存を「輪廻の河の一つの波」と古代インド人は考えた。輪廻を車輪とかロクロとか、また水車に譬え、それらに譬えられる人の生死の輪廻は、その人の行為の潜在力によって回りつづけるというわけである。この潜在力が消滅しない限り、輪廻は繰り返される。

行為の潜在力は不消化の食物にも譬えられている。不消化の食物とは、食物のある部分が消化されずに残り、それが排泄されて、再び地中から発芽するということであろうが、この譬えで、行為の残りが輪廻を持続させることを表わしている。

たとえば、霊魂がある一定の期間、ほかの世界で過ごし、その世界での行為の残りをもって地上に戻って来る。血統や住む世界の種類（地獄・餓鬼・畜生・人・天など）や、カースト、性、形を決めるのは、過去の行為の残りによるのだと考えていた。

端的にいえば、再生が繰り返されるのが輪廻である。だから再生が持続する限り、生き物はこの輪廻から解脱することはできない。輪廻から解き放たれない限り安楽の境涯を得ることはない。そのためには再生を断つことである。いかなる形にしろ、再びいまの世界に誕生しないこと、これが解脱である。そこで再生の種子を断絶する方法を教えたのがヨーガであった。

釈尊の輪廻説

釈尊は、在俗信者には布施と戒を守ることを正しく行なったならば、死後、天に生まれるとよく説法した。来世のことを述べているが、釈尊は霊魂の存在を認めていたのだろうか。これについては次のように考えられる。

釈尊は生天について説話してはいるが、これは古代インド人たちに一般に信仰されていた思想であって、これを頭から否定しては、人々に耳を傾けてもらうことはなくなる。したがって、人々に根強く信じられている生天の思想をまず仏教思想と結びつけたのであって、ここに釈尊の方便説法の特色の一つがあるといわなければならない。

しかし、出家者に対しては生天思想を説いていない。仏教文献中に「八正道を実践すれば、死後、生天できる」という説法はどこにもない。

ここで、さきに提示した輪廻思想と釈尊の立場に触れることにしよう。

繰り返すが、釈尊は無我説、つまり人をはじめ、物には不滅の霊魂は存在しないとする説を立てたが、この立場からは、一般にいう輪廻思想はでてこない。なぜならば、輪廻するには輪廻する主体がなければならないからである。輪廻の主体は霊魂であると古代インド人は考えていたのだから、釈尊の無我説からは輪廻思想は生まれてきそうもない。

では、輪廻を否定したのだろうか。そうとも言い切れない。最古の仏教文献『真理のことば』（法句経）第二二章の「地獄」の章には、来世に悪業の報いによって地獄に落ちることが述べられている。また、第二六章の「バラモン」の章、四一〇偈には、現世・来世ということばがあり、同四二三偈では、前世とか天上とか地獄とかのことばがでてきて、説法の中に過去、現在、未来の人生の因縁関係が示されている。

では一体、何が輪廻するというのだろうか。

釈尊は行為（業《ごう》）によって輪廻すると考えた。さきに述べた行為の善悪が霊魂に付着して輪廻の中に報いを受けるとする行為とは異なる。この行為は祭祀の行為であって、正しく祭祀を行なうことが善業《ぜんごう》で、その反対は悪業《あくごう》となる。善業により生天できるという説であった。

釈尊のいう行為は身、口、意《こころ》の三つの行為で、祭祀の行為ではない。自分自身、人の道としての教えに則り、身、口、意を制御して正しく中道を歩むことが善業というのである。正しい行為が繰り返し行なわれ、それらが習慣力として身について、その習慣力が因縁となって、次の生をもたらすという考えである。なにか輪廻の主体があるわけではない。ものの生起はすべて因縁によるとされ、持続して過去から現在、そして未来へと存在する不滅の主体がそこにあるとは考えられていない。

仏教には、人の存在構造を因縁関係で示した十二縁起がある。これがいわゆる輪廻の仕組みを教えているといえよう。ある弟子が「生と老死などの現象は何ものに所属するのでしょうか」と尋ねると、釈尊は「その質問は止めよ、正しくない」と戒めている。そして「生まれることがあるから老いがあり死がある」とだけ教えている。すべてはいろいろの因縁に巡り会い、因縁に助けられてかかわり合いながら生成しているのであって、来世があるといっても、因縁によっては、ある人にはないかもしれないし、ある人にはあるかもしれない。

現在の自分自身は何の因縁もなく、突然に出現したものではない。過去の多くの因縁によって誕生したのである。この場合も歴然として過去世とのかかわりがある。また現在の生存中に積み重ねたもろもろの行為の因縁に促されて、次の生存があると考えられている。

釈尊はもろもろの行為（業）の因縁による輪廻を考えているのであって、そこに不滅の霊魂とか輪廻の主体となるものとかの存在を認めているわけではない。

具体的に輪廻の原動力となるものを、釈尊は、何だと考えたのだろうか。それは喉の渇きに似た愛執であるという。人の前世であろうと、来世であろうと、これらが現在の生存と相続しているのは、霊魂によるのではなく、自分の愛執にもとづく行為（業）によっている。

行為（業）によって世界はあり、
行為によって人々はある。
生存するものは行為に束縛される。
ちょうど車がくさびに結びつけられているように。
（『スッタニパータ』六五四偈）

と釈尊は述べている。輪廻するものを、灯火が油と芯によって燃えることに譬えることもある。油を愛執に譬え、油がなくなると灯火は消える。これと同じように、愛執がなくなれば人の苦しみの輪廻はなくなると教えている。

これらのことからわかるように、人は愛執によって何かの行為を起こし、その善悪の積み重ねを繰り返し、習慣力としての業《ごう》をつくる。その業が世界をつくり、人を形づくるというのである。輪廻は、すべて業に促されて、いろいろの因縁の助けを得て現象するというのが、釈尊の輪廻説であった。

ギリシア人とインド僧の対話

釈尊亡き後、仏教教団の中で、この輪廻に関する論議は大きな問題となった。いろいろの学派に分裂した仏教徒たちの間でも、この問題はつねに論じられ、なかには一つの体系をつくり上げたものさえある。釈尊亡き後の仏教では輪廻説がどのように継承されたか、その典型的なものを紹介しよう。

仏教僧ナーガセーナとギリシア人のミリンダ王との間に交わされた哲学、宗教に関する論議を記述した『ミリンダ王の問い』という文献があるが、そこに輪廻の問題についての問答が見られる。

王が、再生した者は、どんな時期においても同一であるか、あるいは異なった者であるかと質問したのに対して、仏教僧は譬えを用いて、技術を学びつつある者とすでに学んだ者とは別の人間ではない、また罪悪を犯した者と、そのために処罰を受ける者とは、別の人間ではないように、絶えず変容する個人主体は、前後の時間にわたって同一の者としてでもなく、また別の異なった者としてでもなく生存しつづけるのだと答えている。

また焔の譬えを用いて、同じ皿の上に燃えるとき、夜中の焔と、朝方の焔とは別のものではなく、同じ火に依存して燃える焔である。個体の輪廻もそれと同様に、生ずるものと滅するものとは別ではあるが、どちらが前で後でという区別がなく存在している。それは同じでもなく異なるものでもないものとして最後の意識におさめられて存続するという。

牛乳が酪（ヨーグルト）になり、酪から生酥《しょうそ》（フレッシュバター）に、生酥から醍《だい》醐《ご》に変化するように、一方は他方に依存して生じている。このように、個体もつねに変化しながら、しかもそこに持続があると考えている。

では、霊魂の存在を否定した仏教は、その輪廻の生存を続ける主体をどのように考えたのだろうか。かの仏教僧は、王に対して、「たとえばある人が、一つの灯火から他の灯火へと火を点ずるときに、灯火が一方から他方へ転移するのだろうか」と質問した。王は「そうではない」と答えた。

そこで僧は、「王よ、それと同じように、一つの身体から他の身体に主体が転移するのではなく、しかも生まれるのです」と教えている。

輪廻転生の生存は、火が燃えうつることに譬えられている。この考えは大乗仏教の思想を確立したナーガールジュナ（龍樹《りゅうじゅ》）にもみられる。かれは個体の輪廻を火にたとえ、火と薪とが不可分離の同一でもなく、異なるものでもないという関係にあるように、個体とその構成要素との関係も同じであると説いた。

9　ブッダになることを教える

永遠の救いは生まれ変わらないこと

釈尊は生まれるとは何か、老いるとは何か、病とは何か、死ぬとは何かを問うことに主眼をおかず、生まれる苦しみ、老いる苦しみ、病む苦しみ、死ぬ苦しみの原因とそれらから解放される方法とを問題にした。

「苦」のパーリ語はドゥッカハといい、不愉快な、思うようにならない、などの意味である。自分の意志力ではどうしようもないことが苦という一語で表わされる。生まれることは自分の意志や力で自由になるものではない。老いることも、病むことも、生《なま》の身をもつ限り、避けられない。死ぬことも必至である。

生《しょう》・老《ろう》・病《びょう》・死《し》の四つは人の自由意志で支配できるものではない。だから苦である。これら四つの苦しみから解放されるとは、どういうことなのだろうか。

苦からの解放は、自分の思うように生まれたり、元気でいたり、若くなったり、若さを保ちつづけたり、死にたいときに死に、反対に自由に希望する年齢まで生きながらえることなのだろうか。

もしそうだとすれば、釈尊はなぜ八十歳で生涯を閉じたのか。前述したように、釈尊は信者の供養した料理に中毒して腹痛を起こし、死んだと伝えられている。釈尊はブッダになった人であるから、そんな些細なことで死なないで、まだ自由自在に自分の意志力で長生きできただろうにと、われわれは考える。しかしブッダでさえ、死を避けることはできなかった。

生、老、病、死の四つの苦しみから解放されるとは、それらを自由自在に自分の思うように支配できる状態になることではない。人ばかりでなく、生き物すべてが、ひとたび、この世に生命を受けたときから、これら四つの苦しみを経験しなければならない。

人を含め、あらゆる生き物、草木に至るまで、生命をうけて誕生したときから死ぬ瞬間まで、生命のリズムの上にあり、そのリズムに踊り、舞い、漂い流されることになる。

親の赤白の二滴（卵子と精子）が合して人として生命をうけたら、この自然界のリズムに踊るのである。生・老・病・死は絶えず繰り返される自然界のリズムである。生・老・病・死の繰り返し、その連続が輪廻《りんね》といえよう。いまの自分の生存は輪廻の中の一過程にすぎない。
この輪廻の中に生存し続ける限り、人は苦しみから解放されることはない。どんな生き物に生まれ、どんなところに生きたとしても、生まれ変わるのであれば、生・老・病・死の四つの苦しみから逃れることはできない。簡単にいえば、形あるものに生まれることは、「苦」であるという。

逆にいえば、生まれ変わらないことが苦から解放されることになる。苦から解放されることは輪廻を脱することを意味する。

たとえ天に、あるいは極楽浄土に生まれ、楽しい生活をしたとしても、生《なま》の身をもっているのであるから、そこでも生・老・病・死の四つの苦しみを経験する。それはやはり苦しみの生活である。

極楽浄土の生活といえども、感覚して楽しみの極みを味わうのであって、いずれそれも苦しみに変化するであろう。その極楽も究極的に生・老・病・死の苦しみを癒してくれるものではない。

釈尊の求めた究極の安らぎは楽しみではない。それは輪廻の苦からの解放である。二度とこの世界に生を受けないこと、極楽と業苦《ごうく》との繰り返しを経験する生・老・病・死のリズムに乗らないことである。永遠の安らぎとは、今生を限りに二度と来世の生・老・病・死を経験しないことをいう。

では、生・老・病・死の四苦を生起する原因は何か。この根本原因を知れば、人は永遠の安らぎを得ることができるはずである。

釈尊は、四苦に人が悩まされるのは、四苦がいろいろの因縁によって生起していることについて、つまり縁起について人が無知であるからと断言した。ものはすべて因縁によって生成し、消滅していることを、正しく、ありのままに観察し、知識しないから、我欲によってものに執着する。ものに執着するから、ものを自分の思い通りにしたい、所有したいという心が生まれる。

ところが、ものはいろいろの因縁によって生成し、消滅しているのだから、自分の思い通りにはならない。苦しみはそこに感じられる。要するに縁起について無知であることが、四苦を生起する原因であるという結論になっている。

縁起とは何か

縁起とは、文字通りの意味では、縁《よ》りて起こっていることである。縁りてとは、神や創造主などに縁りてというのではない。世界にあるすべてのものが相互に依存関係をもって生まれ、そして滅しているという現実のありさまを、「縁りて起こっている」

「縁りて滅している」と表わしている。

ものはみな相互相関の因縁による生起（縁起）と消滅（縁滅）を繰り返している。その場所が世界であり、そのありさまが輪廻である。

釈尊は縁起と縁滅のあり方を次のように述べた。


これがあれば、かれがある。

これが生まれると、かれが生まれる。

これがなければ、かれがない。

これが滅びると、かれが滅びる。

（小部経典中の『自説経』「菩提品」）


これは、ものの相関関係が宿命的に、あるいは神の意志によってあることを教えたのではない。身の回りにあるものすべてが、他の種々の因縁に助けられて生成したり、消滅したりしているという法を教えている。

この縁起の法は普遍的法で、世界の真理だと釈尊は言い切った。この真理を正しく理解し、体現した人を真理に目覚めた人、つまりブッダ（buddha＝目覚めたる〈人〉）と呼ぶ。

釈尊は、人が四苦の縁起、つまり四苦が生まれる原因を知らないことが迷いであり、惑いであると教えるが、その縁起の関係はどうなっているのだろうか。それは次のことである。

無明《むみょう》（無知）によって行《ぎょう》（形成作用）がある。行によって識《しき》（分別作用）がある。識によって名色《みょうしき》（名称と形相、すなわち五蘊《ごうん》＝人身のこと）がある。名色によって六《ろく》処《しょ》（六つの感官、眼耳鼻舌身意《こころ》）がある。六処によって触《そく》（外界との接触）がある。触によって受《じゅ》（感受作用）がある。受によって愛（欲望）がある。愛によって取《しゅ》（執着）がある。取によって有《う》（存在）がある。有によって生《しょう》（生まれること）がある。生によって老死・愁・悲・苦・悩が生ずる。これらのものによって苦の集まりができる。これが縁りて起こるという（相応部経典巻二、『法説』）。

これがさきに紹介した「これが生まれると、かれが生まれる」という詩文に当たる。四苦の生起する過程を、十二の縁（条件）による生起順に説明したものである。反対に無明がなければ行がなく、行なければ識がなく……そして生がなければ老死などの苦がなくなることになる。これは「これが滅びると、かれが滅びる」という詩文に当たる。つまり四苦から解放され、安心立命を得るには根本的には無明をなくすことが大切だというわけである。

無明とは

ところで無明《むみょう》とは何か。それは苦そのもの、苦の起こり、苦の消滅、その消滅の方法などについて無知なことだと説明されている。

この無明によって身体的行動における意志のはたらき、言語行為における意志のはたらき、それに精神的行為における意志のはたらきが現われる。苦である現実に対して、私が自己中心的な身・口・意《こころ》の意志（行）を起こすのである。

その行がつぎに六つの感官（六処＝眼・耳・鼻・舌・身・意）の分別作用（識）を惹き起こすことになる。これがさらに人の肉体と心の具体的はたらき（名色）を生み出すことになる。六つの感官は外界のものと接触し（触）、ものを感覚する（受）。それぞれの感官はそれぞれに感覚して、心の中にそれら外界のものに対して欲（愛）をもつようになる。欲をもつから執着（取）が生まれる。この執着が存在（有）をもたらす。欲に執着する領域を生み出し、形にだけ執着する心の領域を生み出し、また心だけに執着する心の領域を生み出す。

心のはたらきが執着するところに一つの境界がつくられる。欲がとらわれると欲の世界にしか目が向かなくなる。たとえばセックスに溺れた人は何を見、何を考えてもセックスでしか見たり考えたりできなくなる。形、つまり、物に執着した人は、つねに物としてしかすべてを見たり考えたりできなくなる。心にとらわれると、すべてを心を中心にして見たり考えたりする。

このように何かに対する執着が、いかなる形にしろ、何かの存在を生み出す。その存在が次の生をもたらすことになると考えている。

生とは生き物が生まれて、四肢をもち、形成されることである。この生が得られると老と死をもたらす。生と老と死とは人の苦しみの代表である。この三つに病を加えると四苦になり、これらは世間の苦を代表している。この苦を経験するところが、われわれのいる世間である。

この世間は、無明によって行あり、生によって老死ありという縁起の世界である。この十二縁起は繰り返される。死後もその人の業《ごう》に促されて、次の生を得るという。

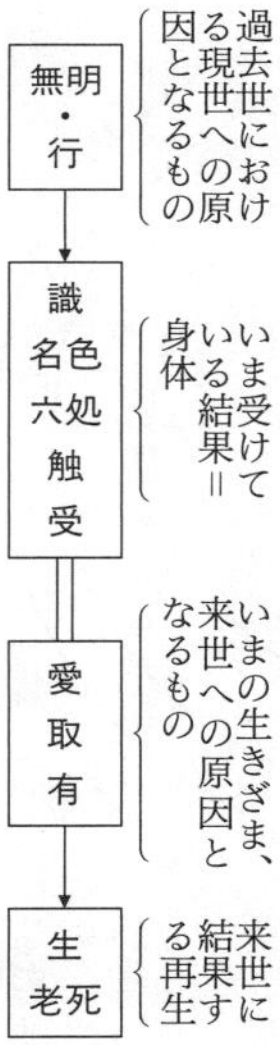

この十二縁起の輪廻から飛び出ることが解脱である。

仏教思想の中に、十二縁起を過去・現在・未来にわたる存在の構造と考えて、そこに因果関係を見

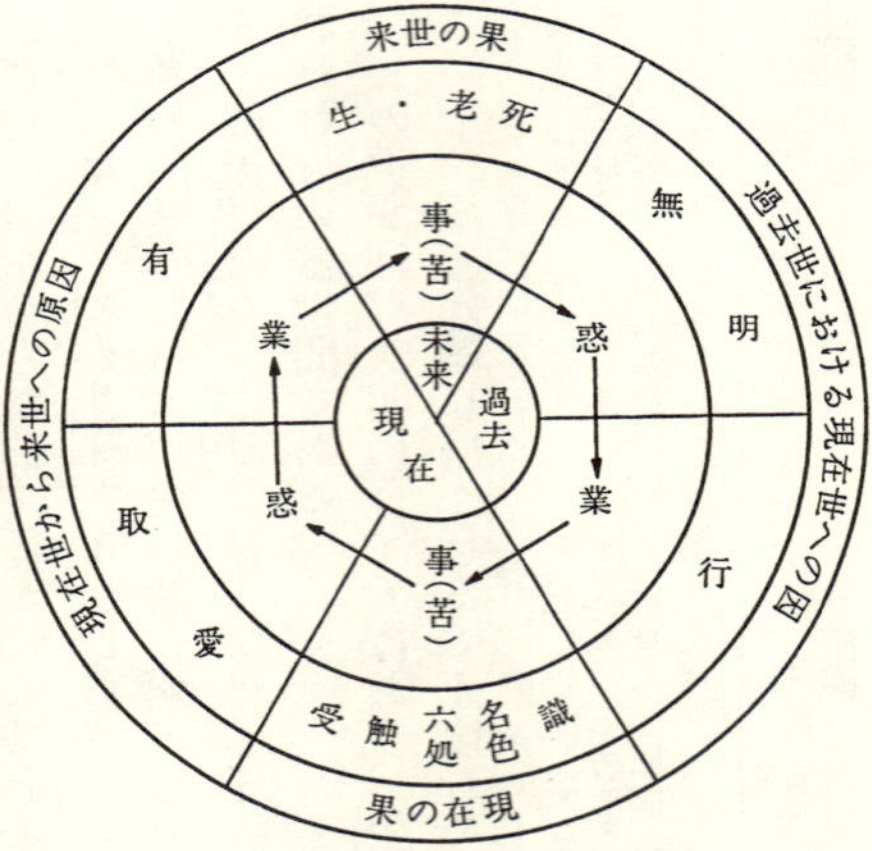

る考えが現われた。それは次のように考えられた。

過去世の無明・行のはたらきが蓄積したものに促されて、いまの自分の身体は結果している。それは識ないし受という項目で表わされている。その身体がいまの生活の中で欲と我執を起こし、そのはたらきが習慣力を蓄積する。その蓄積された習慣力が原動力となって、来世の輪廻を繰り返すことになるというのが、この十二縁起の思想とされる。

これは過去・現在・未来の三世《さんぜ》にわたり、過去世と現在世が因果関係にあり、また現在世と来世が因果関係となっているので、これを三世両重の因果と呼んでいる。

十二縁起はまた惑《わく》・業《ごう》・事《じ》、あるいは惑・業・苦《く》の三つにまとめて考えることもできる。惑とは心の迷いのことで、煩悩を指す。業はその煩悩から生起する身・口・意《こころ》のはたらきをいう。事《じ》は苦の生存のことで、苦と同じことである。この三つは繰り返すという。

惑が業を生み、業が事（苦）を生む。さらにその事（苦）はまた惑を生むとされ、三つは輪廻する。十二縁起をこの三つに相当して図示すると右のようになる。

無明は惑にあたる。これが形成作用の行《ぎょう》という業を生み出す。この二つが現在世の苦の生存を生み出す。この現在世の苦の生存が惑なる愛（欲）と取（執着）とを生み、この二つが有《う》（存在）という業を生み出す。この愛・取・有という現在世の惑と業が来世の苦の生存を生み出すというわけである。さらにその来世の生存は未来世の生存への原因となる。十二縁起はこのような輪廻する生存の因果関係を教えたものである。

縁起に関する譬え

さて、釈尊は十二縁起を説明するのに、かなり多くの譬えを用いている。その場合、十二項目の縁起を全部順次に説明するのもあれば、ある部分だけをとり出して部分的因果関係を説明しているのもある。

譬えの一つに、『縁』という経典がある。

修行僧たちよ、それは、たとえば山頂に大雨が降り、大粒の雨が降ってくると、その雨水は低きに下り、山の洞穴や裂け目や谷などに充満し、さらに小さな池に充満し、大きな河にも充満し、さらに小さな河、大きな河をも充満し、ついには大海に満つるようになる。このように無明を因として行《ぎょう》があり……老死がある。

（相応部経典巻二）

『取』という経典では、次のように教えている。

修行僧たちよ、それは、たとえばここに大きな焚火《たきび》があり、これに十束、二十束、三十束の薪を投げ込んで燃やしたとしよう。またこの上にさらに乾草を投げ込んだとしよう。さらに乾いた牛糞を投げ込んだとしよう。そうすればその焚火は以前にもまして燃え盛るであろう。

これと同じように、執着したものに味著《みじゃく》していると、一層愛着の気持が増してくる。愛によって取があり、ないし、生によって老死がある。ここに苦の集まりが生じることになる。焚火に薪などを投げ込まないでいると火は消えてしまうように、

執着したものを味著しなければ、苦の集まりはなくなる。（相応部経典巻二）

さらに『大樹』（相応部経典巻二）という経典では、同じ部分を大樹の譬えを用いて述べる。つまり、大樹は地中に根をはり、種々の地味や水分を吸収し成長し生き続ける。そのように執着するものを味著すれば、生、老死の苦を受け続ける。だが、この大樹を根こそぎ切り倒し、火で焼いて灰とし、風によって吹き飛ばし、あるいはその灰を河に流したとすれば、大樹は永久に姿を現わすことはないように、ものに味著する気持を滅すれば、すべての苦から解放される、と教えている。

この大樹の譬えは他の部分の縁起関係を説明することに何度も用いられており、好まれた譬えのようである。

十二縁起の中の触《そく》（接触）について述べるところも興味深い。『無聞《むもん》』という経典には苦と楽とを感覚するには苦と楽とを感じさせる接触があるという。その接触も縁起している。それを次のような譬えで説明する。

修行僧たちよ、たとえば二つの木がたがいに摩擦しあうと、煙を出し火を生ずる。反対にその二つの木が相離れれば、いま生じた煙や火は消えてしまうであろう。

それと同じように、外界と接触して苦を感じさせる接触によって、苦の感覚は生じる。ところがその苦を感じさせる接触がなくなれば、いま生じた苦の感覚はなくなってしまう。だから君たちは接触するときに厭《いと》う心を起こし、感覚する心さえも厭うようにしなさい。そのようにしていけば、貪《むさぼ》りを離れて解脱を得るであろう。

（相応部経典巻二）

二木相摩《にもくそうま》の譬えは、ものの相依性、相関性を表わす縁起を説明する代表的なものである。

これに類似するものに有名な葦束の譬えがある。これは『葦束』という経典に出ている。ここには十二縁起の一つ一つの項目がどんな関係と役割になっているのかシャーリプトラ（舎利弗）とマハー・コッティタとの対話の中で説明している。

友よ、それは、たとえば二つの葦《あし》の束が相依って立っているようなものだ。そのように人の肉体と心のはたらき（名色《みょうしき》）によって分別作用（識）があり、識によって名色がある。他のものも同じである。もしどちらかの葦の束を取り去ると、他の一つの束は倒れるであろう。これはどちらの場合も同じである。そのように名色がなくなれば識がなくなる。識がなくなれば、名色がなくなる。他の場合も同じである。　（相応部経典巻二）

このように十二縁起の各項目は、一方的な依存関係ではなく、どちらも因となり果となり、縁（条件）となっている。これが縁起である。

釈尊の見たもの

ものはみな縁起（縁滅も）しているから、ものとものの関係・連帯・接触・絡みを、人は正しく知らなければならない。縁起（縁滅も）している事実のすべてを知り尽くしたとき、自分の存在の真実を知り、生かされている不思議に目覚める。ついには自分中心の貪りの心を離れ、生・老・病・死の輪廻から解放されると釈尊は教える。

縁起（縁滅も）を知ることが一切知といわれる。釈尊のことを一切知者と呼ぶことがあるが、かれはものの縁起（縁滅も）を熟知しているからである。

釈尊は、縁起を見る者は法を見る、法を見る者は縁起を見る、と教えた。この法とは、もののありのままの姿という意味と、人間のあるべき姿という意味の二つをもっている。

さらに釈尊は、その法を見る者は私を見る、私を見る者は法を見る、とも教えた。この「私」はブッダとなった釈尊を指しているようにもとれるが、また本来的自己を指しているとも考えられる。

ここに至って縁起を見、知るならば、結局は自分を見、知ることになる。自分の存在に目覚めることでもある。人のあるべき姿、ものの真実の姿を見、知る。そして自分の本来性とあるべき姿を自覚したとき、人はすべての愛執から解き放たれると教える。愛執から自由となったとき、二度と再生を得ることはなく、老・病・死を繰り返すことはないという。つまり永遠の安らぎに至ることができるのである。

仏教の修行体系

では、具体的にどんな修行をすれば、その永遠の安らぎに至ることができるか。その方法を示したのが八正道《はっしょうどう》である。

八正道とは、極端な考え方や生き方を離れて、つねにバランスのとれた、八つの修行道をいうのだが、これについてはすでに述べたので、とくに説明を繰り返す必要はあるまい。しかし、少し補足して説明することにしたい。

仏教では修行の基本的体系は戒《かい》・定《じょう》・慧《え》の三つから成ると教えている。戒は身体的修行であり、定は心的修行である。これら戒と定とが両輪となって体得されると、そこに知慧が生まれる。

知慧とはものをよく観察し、よく思念できる心のはたらきをいう。明鏡がすべてのものの影を映しとりながらそれの影にとらわれることのないように、事実をありのままに観察し、ものには実体がない、すなわち空《くう》であると認識し、なおかつものにとらわれない心のはたらきを知慧という。

この知慧を得た人をブッダという。ブッダになった者は、一切の生き物がいまだ無明（無知）の網に手足をとられて、身動きできずにいることを観察して、救済の手を伸ばすのである。知慧を得て慈悲の心が生まれ、ここから生類《しょうるい》を救済する修行が新たに始まる。

知慧は、このように衆生済度《しゅじょうさいど》の修行をその大きな特徴とするものである。知慧は活発な心のはたらきであると同時に、身体的な行為でもあり、修行でもある。その意味で戒・定・慧は三学といわれる。つまり三つの修行という。

八正道を三学にまとめると、次のようになる。

正しい観察（見）
正しい思念（思惟）
正しいことば（語）
正しい行為（業）
正しい生活態度（命）
正しい努力（精進）
正しい記憶（念）
正しい注意（定）

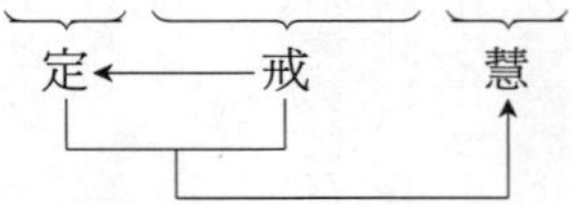

三学は戒↓定↓慧という順に修行し体得されるものであるから、八正道もそれに合わせてみるとわかりやすい。八正道の内容は、したがって、正しい観察と思念を得るのを目的に立てられた実践項目であることがわかる。

戒は習慣・習性という原意をもつ語であるから、八正道の中の正しいことば・行為・生活態度・努力はいずれもみな習慣づけられなければならない項目である。これらがしっかりと身につくことが、まず修行の第一歩である。その後に正しい教えを記憶したり、心を静かにして一点に注意する修行が成就するわけである。

定とは原語でアディチッタといい、すぐれた心という意味である。ものを正しく記憶し、ものを洞察する力を得ようとする心をいう。お碗の中のビー玉は、お碗が不動にならなければ中心に静止することがないように、身体がまず制御され、バランスがとれなければ、心は定まらないという考え方である。だから戒を修め、定を修めなければならない。

このような戒と定の上にはじめて正しい観察と思念とは得られる。これが八正道の思想であり、修行理念である。

縁起を見るものは

正しい観察と思念の中で、とくに正しい観察が最後に体得されるべきである。これによって縁起を見、知るのである。

さきに述べた「縁起を見る」の見るとは、ここの正しい観察のことを意味する。だから、八正道を実践することがなければ、縁起を正しく見ることもできないし、したがって法を見ることはありえない。

縁起を見る、法を見る、私を見るという表現の裏には、つねに八正道の実践を通して見るという意味があることに気づかなければならない。単にことばの上で、思考の上だけで、見るを理解してはならない。それは実践的方法を通して見るといっている。

実践を通して見るのであるから、その見るは縁起の法に直結するわけである。縁起を知ると同時に縁起の理法の中に生きている事実を直視して経験することでもある。縁起の理法を知る者はブッダとなる。

かくして、八正道を実践し、縁起を正しく見る者はブッダとなる。縁起はこの世界のありようを説明しているもので、それ以外の何ものでもない。縁起を知ることは世界を知ることにほかならない。そのありようを知るとき、自分自身の実存に思い至ることになる。それは世界における自分のありようを知ることである。自己にめざめ、世界にめざめること、これがめざめた状態である。

ブッダとは、この縁起のありようを知り、そこに生かされている自分に思い至り、さらに一層の精進を重ね、次には生き物の救済に努力する誓いを立てた人である。

だれでもブッダになれる

八正道を実践すれば結果的にはブッダになれる。八正道の実践がなければ、正しい出家生活は成り立たない。八正道はその意味で仏教の中心的思想であり、実践だといわなければならない。それは必ずブッダになることを保証する実践であるのだから。

八正道を行なえばブッダになれる。ということは、生まれや貴賤貧富の区別なく、だれでもブッダになれることでもある。おそらく身分・生まれによってブッダになれる者となれない者の区別があると考えていた釈尊時代の人々にとって、これは大きな福音であったといえる。

とはいえ、ブッダになるためには出家しなければならなかった。出家することがカースト制の桎梏から逃れ、そしてブッダになれる唯一の方法であった。

ブッダになることは二度と輪廻苦を受けることなく、永遠の安らぎを得ることであるから、これを現世で生きている間に確実なものにしておきたい、ブッダになりたい、これが願いであったろう。

ブッダという呼称は釈尊に対する固有名詞ではなく、だれでも得ることができた普通名詞の呼称であったことは大きな意味がある。

要するに釈尊は、現世で生・老・病・死の苦しみから解放されたいならば、出家して八正道を実践すべきだと教えた。

10 出家者の正しい生活態度

極端な生活を避ける

釈尊が教えた正しい生活態度とは、極端な生き方を避けることであった。八正道の中で「正命《しょうみょう》」（バランスのとれた生業、生活の意）がそれである。今日でいえば正しい経済生活を意味する。

正命に対するのが邪命《じゃみょう》である。釈尊の在世時代に邪命外道《じゃみょうげどう》（アージーヴィカ）というゴーサーラの率いるシュラマナ（沙門）のグループがあった。かれは第1章で述べた六師外道の一人である。当時かなり有力な一派であったらしい。

かれらの人生観は運命主義であって、生活のために、食うために説法して回っていたと伝えられる。かれらの生き方を称して、仏教徒の側から邪命外道と呼称したようである。

釈尊のいう正命は、出家者にとっては、極端な苦行主義と極端な快楽主義の両極を排除した、いずれにも偏らない修行生活を送ることであった。正命とは、在俗の人についていえば、あえて貧乏に甘んずることでもなく、といって贅沢《ぜいたく》な生活を求めることでもなかった。禁欲生活でもなく、耽楽生活でもないバランスのとれた生活を送ることであった。

蓄財について

極端に走らないバランスのとれた正命の実践の中で、釈尊は財についてどのように考えていたのだろうか。

仏教教団の出家者は俗世の雑事をまったく離れて修行し、三衣《さんね》一鉢《いっぱつ》（着衣は三枚、それに托鉢《たくはつ》時の食物入れの器が一つ）しか私有物のない生活を送ったのであるから、財物、金銭を蓄えることはなかった。托鉢の際に金銭を受け取ることを禁じていた最初期の仏教教団では、金銭の授受は一切なかった。

しかし、在俗の人に対しては、財の蓄積は人生の望ましい目的の一つであると教えている。営利追求をむしろ積極的に勧め、利子を取ることも承認している。

文献（長部経典巻三、『シンガーローヴァーダ経』）によると、財を手に入れたら、その四分の一を自分の生活の糧《かて》とし、四分の二を仕事の資金とし、残りの四分の一を貯蓄すべきであると釈尊は述べている。ここには、享楽への消費を禁じ、つねに財を尊重すべきだとする思想がはっきりと見られる。

出家者への布施の意義

人々にとって正命の目標は、社会倫理に則った経済生活を営むことであった。そしてその基本的実践は布施であった。布施を多く行ない、多くの善根功徳を積むことは、生涯の最高の幸せであると『真理のことば』(法句経)は教えている。そこには、

善いことをしておけば、命の終るときに楽しい。　(三三一偈、中村元訳)

とある。

善いこととは布施をさす。また、

そのように善いことをしてこの世からあの世に行った人を善業が迎え受ける。——親族が愛する人が帰って来たのを迎え受けるように。　(二二〇偈、中村元訳)

と述べられている。

釈尊自身が、五戒を正しく守り布施を行なえば、死後、だれでも天に生まれる、と在俗の人々に説法している例が古い文献に多く見られる。この天がのちの仏教では仏国土、あるいは極楽浄土にあたるわけだが、生天《しょうてん》についての説法はあくまでも在俗の人に対するもので、出家者に対するものではなかった。

それまでは牛や羊などの動物を犠牲《いけにえ》として捧げて生天を願っていた。しかし、釈尊は「出家者への布施」だけで生天が叶えられると人々に説いた。牛や羊の犠牲を捧げる功徳が生天を約束するという信仰では、それらの犠牲を捧げられる財力のある人だけが生天できることになる。つまり生天も貧富の差によって左右された。

これに反して、出家者への布施となれば、貧富の差はとくに問題とはならない。また布施物の多少によって生天が左右される性質のものでもない。布施は少しでもよい。多きを善しとするものではなかった。経典には、

蓄えが少しであれば少量を、中程度であれば中量を、多くあれば多量を与えなさい。与えないということがあってはならない。

（『ジャータカ』巻五、「スダーボージャナ・ジャータカ」の偈）

貧しくても布施を施す人々もいる。富んでいても与えたがらない人々もいる。貧しい中から与えた布施は、その倍にあたる。（同、巻四、「ビラーリコーシャ・ジャータカ」の偈）

と布施の功徳を説いている。また「貧者の一燈」の話（『阿闍世王授決経《あじゃせおうじゅけつきょう》』ほか）は、貧しい中から布施する者の美徳を述べたよい例である。貧しい中から布施することに大きな宗教的意義があり、それが布施の真価である。少しの布施であっても生天は適《かな》えられる。

広野の旅の道づれのように、乏しい中から分かち与える人々は、
死ぬものの中にあっても滅びることはない。
これは永遠の道理である。（相応部経典巻一、『慳貪《けんどん》』）

と釈尊は教えている。

地獄に落ちるか、天に生まれるかの岐路は、布施をするか否かにあるようだ。文献には、乞食者に布施をしない者は地獄に落ちる、と記述されている（相応部経典巻

一、『祖母』)。

このような信仰が徹底すれば、信者は競って出家者へ布施することになる。布施の思想が一般在俗信者だけでなく、国王にまで支持された結果、仏教教団は急激に発展し、経済生活はかなり豊かになった。

釈尊亡き後、マウリヤ朝のアショーカ王(在位紀元前二六八―二三二年)は、仏教に帰依し、その教えに従って施政を行なった。

たとえば多くの寺院を建立し、修行者の個室をいくつも造設した。またいたるところに果樹を植え、橋を架け、港をつくり、船を建造し、広野に井戸を掘ったりして、土木事業に尽力した。また病院の建設、薬草の輸送、街路樹の植林、囚人の保護所の造営なども行なった。

これらの仕事は現世における民衆の安楽をはかり、来世において天に生まれたいためだとアショーカ王が各地に自らの事績を記した「アショーカ王碑文《ひぶん》」は述べている。この王の仕事は布施そのものであるが、それが将来生天したいという願望から出ていることは明らかである。

アショーカ王の布施は、一対一の布施ではなく、一対多、無差別の布施である点で、布施の拡大といえる。いますぐにある人々に布施するだけではなく、将来、この恩恵に浴するであろうことを予想して、物を施設しておく。これがかれの布施であった。広野に井戸を掘っておくことなど、そのよい例である。

いま喉が渇いたから井戸を掘るのではない。喉が渇く者のために、井戸を掘っておくのである。向こう岸にいま渡りたいから架橋するのではない。向こう岸に渡る者が多くなる、必要度が高くなるから架橋しておくのである。今も将来も重要であるから施設しておく。ものによっては、今はすぐに必要でないかもしれないが、将来必要とされるから、施設しておく。長期展望のもとに施設する。これが真の努力だというのである。これこそ布施の努力といわなければならない。

「与える」と「受ける」の倫理

出家者は一切の生産活動を禁じられていたので、その食生活は在俗の人からの寄進によらなければならなかった。貨幣も金銀も手にしてはならなかった。物品の売買は当然禁じられていた。

土地を耕すことも、人に耕させることも禁じられていた。草木も伐ってはならなかった。このような規則は生き物を殺さないという戒を守ることから生じた。それを遵守しようとすれば生産活動はできなかった。

出家者たちの衣食住の生活は、すべて、与えられたものの範囲で営まれたといえる。衣は捨てられたボロ切れをつぎ合わせたものか、信者によって寄進されたものかであった。食糧もその日だけの分を托鉢によって得るが、その食べ物を貯蔵できなかった。また貯蔵施設も道具も持たなかった。出家者の身であるから当然である。住居も森林か洞穴などであった。ただ雨季に寄進による寺院が住まいとなったにすぎない。

このように衣食住のすべてにわたって、出家者の手で自家生産したものはない。そこで在俗の人々は「与える」倫理を教えられ、出家者には「受ける」倫理があったと学者は説明している。教団に対しては僧院が寄進され、出家者個人には、その中の個室が寄進された。このような形で、教団と出家者とに対して、富豪の信者からの建物の寄進が方々にあり、教団は隆盛の一途をたどった。寄進された寺院は出家者のだれかの私有物ではなく、これから出家する者たちのものであり、方々に散って修行している仏教の出家者たちのものでもあった。共有の建物であった。

教団維持の問題点

釈尊が亡くなったあとの教団は大きな変化を経験した。釈尊の遺骨を安置する塔が建立《こんりゅう》され、それを中心とする在俗者の信仰が盛んとなった。また、その塔を中心として、その周りにいくつもの供養塔《くようとう》が建てられた。それはおそらく、信者の先祖の霊を祀る塔でもあったのだろう。

今日、寺院の本堂の近くに墓を建てるが、その原型が供養塔であったと考えられる。供養塔をいくつも建てることが競って行なわれるにつれて、教団に対する供養も盛んとなった。

衣食住に限らず、金銀の布施も行なわれるようになった。供養物が多くなるにつれ、余分な物が増える現象が見られた。そこでヴァイシャーリーの商人が塔に供養された物を貸し出すことを修行者に勧め、さらにそれから複利の利子をとって仏塔や僧院の維持費に充てることを教えた記事（『十誦律《じゅうじゅりつ》』）がある。また出家者の個室である僧房の永代《えいたい》建造費ともいえる「無尽財」が寄進されている事実もあった。

無尽財というのは、精舎の財物・金銭を人に貸し、複利式に利息をとり、その利潤を僧房や仏塔の維持費に充てるものである。これが中国に伝えられ、長生銭《ちょうしょうせん》・庫質銭《くちせん》と呼ばれて教団の維持に役立っている。

このような金融業まがいの事業が、釈尊の死後の教団では、公然と相当広汎に行なわれたと考えられている。この利潤追求は出家者個人の私腹を肥やすために行なわれたのではなく、あくまで三宝《さんぼう》、つまり仏塔の維持、仏法の広宣、僧侶の生活維持のために行なわれたと伝えられている。

これは貸与の事業であって、分配や売買の事業ではなかった。「つくること」「売ること」「買うこと」が許されない出家者の生活は「受ける」ことによって支えられた。これにも限界がある。教団が大きくなり、出家者が多くなると、信者の布施だけでは賄いきれない。また信者の布施だけに頼ってばかりいるわけにもいかない。

教団内に寺院不動産がある。これを利用する方法はないか。そこで考えられたのが、貸すことである。供養された物を人に「分けること」は禁じられているので、「貸すこと」は許される。貸して利子を取ることが考えられた。インド仏教教団は、釈尊亡き後は、施物の貸与とその利子によって維持されるという、一種の金融事業を行なっていたのである。

釈尊は在俗の人々には利潤を得ることは正命の一つとして承認したのであるが、いかに三宝維持のためとはいえ、出家者がこのように利潤追求を行なったことは、仏教の修行生活の本来のあり方からすれば問題になる点である。

11　釈尊後の仏教

暗記による編集会議

釈尊が亡くなったことは、すぐに弟子たちの間に伝わった。十大弟子の一人であるマハーカッサパ（大迦葉《だいかしょう》）は七日目に聞き、弟子の五百人とともに涕泣悲嘆《ていきゅうひたん》したという。もっとも、このように悲しんだ弟子ばかりいたわけではなかった。スバッダという修行者は、釈尊の死を、煩わしい大沙門がいなくなり自由になれたといって喜んだと伝えられている。

これを聞いてマハーカッサパは、このままにしていたら、釈尊の教えは後世に伝えられることはないだろうと考えた。そして早速にも教えを編集すべきことを提唱し、仏骨葬送のあと、五百人の弟子とともに、マガダ国のアジャータサットゥ（阿闍世《あじゃせ》）王の庇護のもとで、ラージャグリハ（王舎城）郊外の七葉窟《しちようくつ》で教えの編集会議を開いた。この会議はマハーカッサパを議長とし、戒律に詳しいウパーリを戒律の編集主任、釈尊の説法をもっとも多く聞いたアーナンダ（阿難）を教えの編集主任として、各々、戒律と教法をまとめた。

この戒律や教法はその後いろいろの思想的変遷を経たが、釈尊が亡くなってから百年、または二百年頃に一定の形をとったといわれる。

編集会議を結集《けつじゅう》というが、これは合唱という意味である。弟子たち一同が導師に合わせて、一つのまとまったものを声を出して読み上げるのである。たとえば、今日の寺院で、数人の僧侶が読経する場合に、一人の僧侶が「マカーハンニャーハラーミターシンギョウー」と読み上げると、他の僧はそれに導かれて「カンジーザイボーサ……」と一緒に読み出す。これが結集の原型である。

つまり編集会議では一つの説法を丸暗記し、それをみんなが一字一句間違いのないように読み合わせたので、それを結集といったのである。したがって、編集会議といっても、文字に書き残す編集ではなく、同じものを暗記するための、修正と訂正の会議であった。

編集会議の結果、根本となる戒律や教法が成立した。と同時に、これを中心とする信仰や解釈や修行のあり方などの問題をめぐって、保守・革新の二つの考え方が生まれた。これが結果的には仏教教団の分裂を招くことになった。

教団の分裂と戒律の改革案

仏教教団は戒律に対する解釈の相違が原因で分裂した、というのが学者の間の定説である。戒律を基本とする教団が、戒律の解釈をめぐって分裂したのは、皮肉な結果といわなければならない。

では、どんなことに解釈の違いが生じたのだろうか。伝説によると、ヴァッジー族出身の若い弟子たちが、教団の規則を少し改革したいと願い出て、十ヵ条の改革案を提出した。これが長老たちに却けられ、教団を乱す事件だとして非法と呼ばれた。その十ヵ条の改革案の中で興味あるものを次にあげてみる。

一　塩を貯蔵できること。

仏教の修行者たちは物を保存することを禁じられているので、いかなるものも保存することはできない。とくに塩と限定しているのは、塩が入手しがたく、しかも食生活に必需品であったから、これだけは貯えることができるようにしたらという改革案である。

二　十二時を二本指の幅ぐらい過ぎても食事できること。

二本指とあるのは、当時は日時計を使っていたから、正午過ぎ、棒の影が二指の幅を過ぎても食事ができるようにしてもらいたいということである。つまり修行者は正午以後は食事できない規則になっており、一日一食であったことがわかる。

三　一つの村の乞食《こつじき》で満腹しても、他の村で食物の供養を受けたら、それを食べることができること。

一度食事をすれば、修行者はその日には二度目の食事をしてはならないことになっているから、もし他の信者から食後に食物の供養を受けたら、その処置に困る。食べていない修行者がいれば別だが、そうでない場合は捨てるわけにもいかず、次の日まで保存することもできない。布施を受けたものは粗末にできないので、結局は自分が食べるよりほかない。そこでこのような願いが出されたのであろう。布施の多い修行者の悩みからでた改革案であろう。

四　まだ酒とならないヤシ汁は飲めること。

仏教修行者は五戒の一つによって一切の酒類を飲んではならないことになっている。だが、なかには酒好きの者がいたに違いない。そこで、酒になっていなければ酒といいがたいので、それは飲めるようにしてもらいたいという願いである。日本でいえば、甘酒は飲めることになる。これだけでいえば、どうも戒律の革新運動というより、修行のあり方からはずれた、怠惰な若者のわがまま運動ではなかったかという気がする。

五　金銀宝物を受け取り、貯えることができること。

修行者は金銀を布施として受け取り、貯えることを絶対に許されなかった。触れることさえできなかった。しかし、社会経済の発展とともに、修行者個人だけでなく、教団自体も、金銭を所有しないで生活することはしだいに困難となってきた。そこでこのような改革案が提出されたのであろう。これが結果的には、前章で述べたように教団が賃貸事業を行なうことにまで発展したのである。

十ヵ条を主張した人々は、戒律の革新運動を企てた人々であり、規則の末節に拘泥せずに、仏教の理念を生かそうとした人々であったといわれているが、十ヵ条を実際に検討する限りでいえば、必ずしもそうもいえない点がある。

この改革グループは、保守派のグループに追い出された。当時のマガダ国マウリヤ朝の国王アショーカは、改革グループを異端として相当強く弾圧し、保守派の人々を国教扱いの仏教徒として保護したらしい。アショーカ王はインド全土に、ミャンマーに、スリランカに、ギリシアに伝道師を派遣し、仏教宣揚に貢献したが、それはこの保守派のグループへの援護であった。保守グループを上座部《じょうざぶ》といい、改革グループを大衆部《だいしゅぶ》という。

学問となった仏教

釈尊がなくなってから、仏教教団は大きく二派に分裂した。その後さらにこの二派が各々いくつかに分裂し、合計二十派が誕生した。もとより各派が一ヵ所に集まって修行したわけではなく、インドの諸地方に分散していたので、相互の連絡はほとんどなかった。どの派も一人のリーダーを中心にグループが形成されたので、仏教教団の中に保守・革新のいくつものシュラマナ群が誕生したともいえる。

かれらは石窟寺院に住んだり、平地の寺院（精舎）に住んだりして、あまり遊行遍歴の修行はしなかったようである。一つの精舎に定住し、もっぱら釈尊の教えの研究に没頭したらしい。宗教家というより宗教学者、仏教学者であった。

かれらの手によって、釈尊の教えは整理され、体系づけられ、語句の解釈が定義づけられて、仏教学が確立した。これらの研究成果は論文にまとめられたが、まとめた論文をさらに集成し、自学派の一つの教科書を作り上げた学派さえある。

かれら学僧たちはもっぱら学問的研究に没頭し、一般信者に対する関心はあまりなかったといえる。信者たちは、学僧たちを横目に、釈尊の遺骨をまつった仏舎利塔への供養を行ない、さらに供養塔を建て、来世の生天を願った。供養塔の建立には、家族の先祖を弔う意味もあったのではないだろうか。

だれでもの仏教へ

信者たちの真摯《しんし》な願いの姿を見捨てることができなかった修行者もいて、かれらを中心に、また新しい運動が起こった。それはマハーヤーナ運動（だれでもの仏教運動）と呼ばれる。マハーヤーナとは、大きな乗り物という意味で、誰彼《だれかれ》となく、だれでもブッダになれるという仏教復興運動である。

釈尊は出家し、教えを理解し、戒律を正しく守るならば、だれでもブッダになれると教えた。しかし、釈尊亡き後、さきの学僧たちは、ブッダになれるのはただ一人釈尊のみであって、ほかのものはなれないとし、ブッダを遠い手の届かぬ信仰対象としてしまった。マハーヤーナ運動はこれを否定して、釈尊が説いたようにだれでもブッダになれると主張したのである。

なぜブッダになれるのか。説法師たちは、人間にはみなブッダになる可能性が備わっているから、だれでもブッダになれると教えた。それまでの学僧の仏教解釈では、凡夫にはブッダになる可能性はないとし、かれら学僧たち自身も、ブッダになれるとは考えていなかったのである。

12　大乗仏教の誕生

ブッダになる可能性

マハーヤーナ運動、つまり大乗仏教運動が興った当初、大乗仏教教徒は人間の心の本性は清浄《しょうじょう》であるという考えを表明した。原意では、心はキラキラ輝いているものという意味である。このことばが心性本清浄《しんしょうほんしょうじょう》と漢訳された。漢訳では清浄となっているが、原語はただ輝くものという意味である。輝いているものには曇りがないから清浄となったのだろう。

大乗仏教はこの本来清浄である心の本性をブッダになる可能性と考え、これを仏《ぶっ》性《しょう》の用語で表わした。

この本来清浄な心が煩悩《ぼんのう》に覆いかくされて輝きを失い、行く先を見失い、道に迷っている状態が凡夫であるから、人間はこの本来性に目覚め、自己の本性を顕現すべきだと教える。

つまり仏性に目覚め、それを体現すべく修行しなければならない。大乗仏教は仏性に目覚めることを教える宗教であるといっても過言ではない。

しかし、自己の本性は仏性であるという思想は、釈尊の種々の説法の中にはなかった。前にも述べたように、釈尊は行為論者である。心の本性が本来、善とか悪とかのいずれかであるとなれば、それは極端に偏ることになり、中道の実践を説く仏教の教えに反する。

釈尊は人の善と悪はその人の行ないによってあると教えた。正しい戒に則って生活すれば、心はおのずから善なるものに向かい、正しく戒を守らず怠惰であれば、心はおのずから悪に向かうといった。

経典に、

心汚れるがゆえに、衆生《しゆじよう》（生あるもの）汚れる。
心明浄《しんみようじよう》なるがゆえに、衆生明浄となる。（相応部経典巻三、『繫縄《けじよう》』）

とある。

行ないが怠惰であれば心は汚れる。これこそがすべての人々の心の汚れをもたらすことになるわけである。逆に正しい戒を遵守すれば、心は明浄になり、ひいては人々はみな明浄になると釈尊は説いている。この詩句にはまったく本来的清浄とか、不浄とかの意味はない。

釈尊の立場に反して、大乗仏教徒は、人間の心の本性を清浄と見た。その心性を実体的にみたわけではないが、仏性と表現した。この思想は釈尊の立場とは根本的に相容れない思想といわなければならない。

菩薩の誕生

大乗仏教の説法師たちは「仏性に目覚めよ」と人々に呼び掛け、教化にはげんだ。自分は将来ブッダになるという自覚をもち、同時に、本来ブッダになる可能性を具備しているという信念をもって修行し、たえず利他行に専念する修行者が現われるようになった。その人物を大乗仏教では菩薩《ぼさつ》と呼んだ。

この菩薩の実践理念は、要するに仏性を顕現すること、あるいは顕現させること、そしてすべての生き物を残らず成仏《じょうぶつ》（ブッダになること）へ導こうとする誓願を立て、その達成へ精進することにあった。

じつは菩薩には二つの呼称がある。修行時代の釈尊を本生《ほんじょう》菩薩といい、大乗の菩薩を大乗菩薩という。

本生菩薩としての釈尊は、自己犠牲の利他行に徹し、その善根功徳によって人間界に生まれ、ブッダになった、という伝説がある。この犠牲的利他行を修行の正道とする人を菩薩と呼んでいるが、大乗仏教徒は、この本生菩薩の修行生活を実践することを誓願した。

それまでの、僧院に住んで学問研究に没頭する学僧たちの生活に対する反動として、ひたすら苦悩する人々を救済することを志し、釈尊の使者としての使命感をもって、僧院を飛び出し、説法師として遊説し遍歴する生活に生き甲斐を見出だしたのが大乗仏教徒たちであった。この生き方をする自分たちを菩薩と自称した。

僧院に住む学僧たちを指して、大乗仏教徒は声聞《しょうもん》と呼んだ。かれらは自分の利益だけを考え、他人より早く悟りを得たいと願い修行する者と蔑んだ。この呼称には軽蔑の意味が込められているが、もともと、釈尊の説法を聞いて修行する人、あるいは聖典をたよりにした修行者という意味であった。仏弟子一般を指す言葉であった。ところが大乗仏教徒は、大乗仏教以外の教えを遵守する仏教徒、しかも利己的な修行者を声聞と呼んでいる。

声聞の呼称には、ただ釈尊の説法だけを頼りに修行するので、主体性のない修行者という意味も含まれている。これに対して、大乗菩薩を目指す修行者は、自分が救世主であるという自覚と勇猛な気力をもち、どんなに汚れ、乱れている世界へも、また、人が近寄らないところにも進んで救済に向かうという果敢な精神を持っていると自負した。

出家と在家を両輪にして

大乗仏教の理想的人物はこの菩薩であった。自己犠牲的利他行を大悲をもって遂行する誓願を立て、一切の苦海に乗り出す者であれば、たとえ在俗の人であれ、菩薩と呼ばれる。したがって大乗菩薩には出家菩薩と在家《ざいけ》菩薩の二つの菩薩があった。

それまでの仏教は出家者中心であったが、大乗仏教になると、在俗の人々もその伝道活動に加わり、出家者と在家者が両輪のように互いに援助するようになった。出家者だけのそれまでの仏教を、大乗仏教徒はヒーナヤーナ（劣った、小さな乗り物）と蔑称《べっしょう》し、自分たちの仏教は出家者も在家者も含めた仏教であったからマハーヤーナ（大きな乗り物）と誇称している。

どんな階級の人でも、貧富の差別なく、だれでも仏性をもっているという一点において平等に救われる本性がある。また、もっと留意すべき点は、仏性あるがゆえにすべての生き物がブッダになれると教えたのが大乗仏教である。

釈尊は人間以外の生き物がブッダになれる可能性をもっているとは述べなかった。ただ、原始経典の中には象が最高の悟りの智を求める心を起こしたという話を記述したものがある。その限りでいえば、発心《ほっしん》つまり悟りを求める心を起こせば、いずれは来世においてもブッダになれるということであろう。

とはいえ、釈尊は人間に本来性としての仏性があるなどとは一言も述べていないのだから、大乗仏教の仏性説は、その意味では、釈尊の立場とは大いに異なる説といわなければならない。

新しく大乗仏教を打ち出した説法師たちは、かつて分裂した仏教の諸学派から飛び出してきた人たちであったらしい。釈尊後の仏教が保守派の上座部《じょうざぶ》と進歩派の大衆部《だいしゅぶ》に分裂し、さらに各々が細分裂したことは既述の通りであるが、大乗仏教徒がいずれの流派から発生したのかは、学者の間では大きな研究課題となっている。

在俗信者が中心となって改革運動を起こしたともいわれるが、やはり出家者がその運動を推進したものと考えられる。それを援助したのが在俗の人々であろう。出家のレベルにとどまっていた仏教を在俗生活のレベルにまで拡げた功績は、説法師に負うところが多い。その説法師は必ずしも出家者ばかりではなかったろう。かれらの中には在俗信者が加わっていたと考えられる。それを裏づける理由として、『維摩経《ゆいまきょう》』の主人公、維摩居士《ゆいまこじ》の存在がある。

維摩の原名はヴィマラキールティという。かれは有徳の資産家であったらしい。ヴィマラとは汚れのないという意味で、キールティとは名声、評判の意味である。つまり、「汚れがないという名声を得た人」という名称がかれの名前となっている。

かれはリッチャヴィ族の出身者でヴァイシャーリーという都に住んでいた。かれが居住したと伝えられる家がヴァイシャーリーのマンゴー樹園から東北方三里の所にあり、かれが病気で伏せていた部屋も残っていた、と玄奘三蔵《げんじようさんぞう》は『大唐西域記』の中に記述している。その真偽は不明だが、維摩居士を代表とする居士がいわゆる説法師の中にかなり多くいて、処々方々に出かけ、巷間に入って説法して回ったと思われる。大乗仏教徒によって創作された種々の経典には、これら在俗信者の活躍を示す内容がみられ、同時に在俗生活の中での仏教のあり方、考え方、生き方に触れている。

在俗信者が出家者の中にまじって宣教に貢献したことは確かであろうが、それでも大乗仏教はやはり出家者中心の仏教であった。在俗生活の中の仏教を宣揚はしたものの、出家生活のすぐれている面ははっきりとうたわれている。これは大乗の多くの経典の中にみられる。

大乗経典は創作

大乗仏教の運動の中で顕著な現象の一つは、多くの経典がつくられたことであろう。仏教文献を分類すると、経《きょう》・律・論の三つになる。経典とは釈尊が直接説示した教えをまとめた文献で、律典とは教団の戒律をまとめ集めた文献である。いずれも釈尊在世中にかかわる内容をもっている。論典は釈尊の教え、つまり経について研究した論書である。釈尊が亡くなって経典が編纂されたあとにまとめられた弟子たちの研究論文を指す。

これらの三つは各々内容によって分類され、まとめられたものであるから、各々一つの花籠に納められたように考えられて、ピタカ（花籠）と呼ばれた。三つあるので三つの花籠（トリ・ピタカ）と呼ばれ、漢訳では三蔵と呼ばれた。わが国では三蔵と呼ぶのが一般的である。

三蔵の中で、経典は釈尊が自ら書き残したものではないが、釈尊のことばを伝えるものを編纂したのである。したがって「如是《にょぜ》我《が》聞《もん》」（私は次のように聞きました）という出だしで記述されている。直接聞いた弟子たちは、この文句を付して、記憶した説法の内容を述べたのである。

この意味で、経典は釈尊にじかに接して説法を聞いた者でなければ作れないはずである。ところが大乗仏教徒たちは、釈尊が亡くなってから約五百年後の時代にありながら、いかにも釈尊の説法をじかに聞いたかのように「如是我聞」を書き出しにして、経典を作ったのである。

その書き出しはきまって「私は次のように聞きました。あるとき、世尊は何々の場所で千二百五十人の修行者、その他の何々に囲遶《いにょう》されて云々」となっている。日時はつねに「ある期間」と不定日時である。場所はシュラーヴァスティー（舎衛城）とかギジャクータ山（霊鷲山《りょうじゅせん》）上とか、釈尊が説法したゆかりの種々の場所名がつねに明記される。

弟子千二百五十人は教団構成員の基本数であるので、これは多くの場合に示されているが、これに大乗経典では数万、数十万あるいは億単位の人たちが説法を聞いていることになっている。釈尊がこんなに多くの衆生に囲まれて説法する例は生存中にはなかったので、大乗経典の描写は創作にすぎない。

大乗仏教の経典には作者の名前が明示されていない。つまり釈尊の説法を直接聞いたことを記述しているようになっているため、釈尊のことばそのものであるから、作者は釈尊となる。実際は修行者が創作したものである。

この意味では、大乗経典はにせの経典、専門用語で偽経《ぎきょう》といわれる。そこに書き表わされた内容は釈尊の教えに通ずるものとはいえ、いかにも釈尊のそばでじかに聞法《もんぽう》したかのような書き方であるが、事実にもとづいたものではない。

今日、わが国で親しまれているお経のすべてといってもよい、それらは大乗仏教徒が創作した経典である。釈尊の説法を書き残したものではない。

宗派を問わず各寺院で読まれる『般若心経《はんにゃしんきょう》』も創作された経である。『金剛般若経』をはじめ、般若経典類、また『維摩経《ゆいまきょう》』も、『法華経』も、『華厳経《けごんきょう》』も、浄土三部経(『大無量寿経《だいむりょうじゅきょう》』『観無量寿経《かんむりょうじゅきょう》』『阿弥陀経』)も、『大日経』も、『金剛頂経《こんごうちょうきょう》』もみな大乗仏教徒の手になる偽経である。

中国に仏教が伝来してから作られた経典もある。有名な『父母恩重経《ぶもおんじゅうきょう》』や『孝子経』『提謂波利経《だいいはりきょう》』『盂蘭盆経《うらぼんきょう》』などは中国人の創作による経典である。これらも一応経典の形式を踏んではいるが、釈尊の説法を編纂したものではない。明らかに偽経である。

このような後世の多くの経典は、過去の人物となった釈尊がこの世界に来臨して、人々の救済のために説法したという設定にもとづいている。姿形は見えないが、その声を聞いた修行者が説法の内容を記述したのが大乗の経典である。その声を聞いた者だけが経典を記述するのであって、簡単にだれでも経典を創作できるわけではないはずである。その意味では、経典を創作した者は一種の預言者的存在ではなかったかと考えられる。

大乗仏教が興起した最初のころに現われた経典は数多いが、それらは一人の手で創作されたのではない。創作した人物は複数で、その場所もまちまちである。つまり、地方に分散しているグループが、それぞれ布教伝道のために経典をつくったと考えられる。

般若経典類は一切は空であるとする禅観を教えた。これは、大乗仏教思想の根幹となり、以後のすべての仏教文献の底流となった。とくに中国の禅思想に多大の影響を与えたことは否めない。

『法華経』をつくったグループ、また『無量寿経』や『阿弥陀経』をつくったグループなどは各々異なったグループであったと思われる。それぞれの経典の内容はユニークであり、それぞれがその後の仏教徒の生活や思想に多大の影響を与えることになった。

『法華経』は、種々の方便説が結局はブッダの教えの一元に帰すること、つまり一仏《ぶつ》乗《じょう》にすべての仏教思想は帰入することを示した。これをもとに中国では天台教学が確立した。

『華厳経』は仏教の完成された世界観を示し、同時に完成された実践道の体系も教えた。ブッダの世界、つまり悟りの世界の構造とそこへの道を見事に描いた経典として、後世の思想に与えた影響は大きい。これをもとに中国では華厳教学が確立した。『無量寿経』は、浄土教思想を確立し、釈尊にはなかった思想をつけ加えた。また密教系の経典も別のグループの創作である。

このように大乗仏教の種々の経典は分散した仏教徒のグループが布教伝道の上で必要としたために創作されたものである。したがって、それらは釈尊の説法をじかに聞いた人が、記録したものでないことはいうまでもない。これは重ねて強調しておきたい。

大乗経典はだれのために書かれたのか

これら大乗仏教徒の創作になる経典は、じつはサンスクリット語で書かれた。大乗仏教の経典がサンスクリット語で書かれたということは大きな意味をもっている。

釈尊は再三述べたように、バラモン中心の社会的慣習や儀礼などを否定し、つねに人間平等の上から、ことばも一般民衆語を用いて説法した。伝えられるところでは、バラモンが使うサンスクリット語を捨て、中部インドに位置したマガダ国の首都を中心に人々の間で話されていたマガダ語の一種を用いて説法したという。つまり一般民衆の一種の俗語をもって人々に語りかけた。貴族や僧侶階級の使うサンスクリット語を用いなかった。マガダ語の一種で説法したものを、釈尊の死後、弟子たちは、同じく俗語であるパーリ語、ガンダーラ語などで伝えたのである。

ところが、さきに述べた分裂後の学僧たちは、その説法をサンスクリット語で書き表わしたり、また自分たちの研究論文をサンスクリット語で書き残した。このことはかれら学僧たちの考え方、生き方が一般民衆から少しずつ疎遠になりつつあったか、あるいははっきりと隔離してしまったことを示している。

大乗仏教徒たちがこれら学僧たちの考え方、生き方に憤り、かれらから分離して、民衆のための仏教復興運動を起こしたといわれているのにもかかわらず、その創作した経典の言語がサンスクリット語であったことは、その運動が本当に下層の民衆の中に浸透したかどうか疑わしい。もし下層の人々にまで教化を進めたのであれば、なぜ経典を貴族語であるサンスクリット語で書いたのか。

仏教僧の本来の立場からすれば俗語を用いて布教伝道をなすべきであったが、三二〇年頃にグプタ王朝が生まれ、全インドを統一したおりに、サンスクリット語を公用語にすることにした。そのために仏教の文献も、韻文の部分のほかはサンスクリット語でみな書かざるをえなかった。大乗経典はしたがってサンスクリット語で書かれたということである。釈尊の姿勢は貫かれることができなかったのである。

言語の問題だけではない。経典の思想そのものが問題である。その内容のむずかしいこと、それは今日のように学問が発達した中で、研究に専念している者でさえ理解しがたいほどである。

さきに紹介した経典類は一体だれのために書かれたのだろうか。それらの経典に書かれたむずかしい内容を理解できる人といえば、どんな階層であったろうか。在俗者のための仏教と標榜しながら、現実はまったく逆の立場であったのではなかったか。

大乗仏教の経典に登場する主人公は、大乗菩薩と釈尊の十大弟子たちである。大乗思想と小乗思想の対決が問答形式で示され、大乗菩薩に十大弟子が教えを乞うという形になっている。中に、釈尊が十大弟子の一人と問答して、大乗菩薩の優秀さを説明する形もある。したがって大乗仏教の理想的人物である菩薩が華々しく活躍し、多くの苦悩する人々を救済する姿を示しているために、十大弟子たちの影が薄くなっている。

維摩居士批判

たとえば『維摩経《ゆいまきよう》』では、主人公の維摩居士を前にした釈尊の十大弟子たちは、恐れをなした小羊のように取り扱われている。文殊《もんじゆ》菩薩だけがひとり対等に話相手になっているのだが、その文殊菩薩でさえ、維摩居士に敬服し、かれの言行を称賛している。

要するに、『維摩経』では釈尊の真弟子たちは子供扱いされている。自由闊達、天衣無縫、戒律にことさら縛られない維摩居士の生きざまが、大乗仏教徒の求めるところだとされ、対比される十大弟子たちの生きざまは紋切り型の堅苦しさの代表として扱われている。

かれは、博打《ばくち》はやる、女遊びはする、酒は飲む、町内の寄り合いには欠かさず顔を出す。頭は切れるし、弁が立つ。財産がある。食うに困らない。人の世話をよくする。かれの生きざまはまったく修行者の生活とは途方もなくかけ離れている。そのかれが、何十年も修行し、悟りの印可を釈尊から受けている弟子たちを尻込みさせるほどの教えを述べるというのだが、それでは何十年も修行した弟子たちの修行は一体どんな意味があったのだろうか。とくに仏道の修行をせず、巷間にあって在俗生活に明け暮れる日々を送る維摩居士が、なぜ十大弟子たちに称賛されたり、畏れられたりするのか。

その辺について『維摩経』は、この居士は不動如来が住む東方妙喜世界から来たあるブッダの生まれ変わりで、一種の化身であると述べている。つまり、生まれが違うんだというのである。

たんに普通の家庭から出家して悟りを得た十大弟子たちとは異なり、修行もしない在俗の維摩居士は、ブッダの化身なのだから、かれら十大弟子とは血筋がもともと違うのだ、だから維摩居士は畏れられる、他の在俗者とは異なるというわけである。

ということであれば、私どもは、この居士が在家生活をしながら仏教を説くことをあまり高く評価してはならないのではないだろうか。かれは所詮、化身であり、化身の中で法を説いているにすぎない。本当の煩悩に染まった在俗者が法を説いているのではない。かれが在俗生活をして法を説いているからといって、あまりそれを模倣してはならない。かれはブッダの化身で、すでに煩悩を離れた人である。そのかれを凡夫が真似てかれ式の説法をしたら、それはまったくの見当違いというものであろう。『維摩経』という経典は、たんに維摩居士の挙動の記述にすぎない。それでもって在家主義仏教の顕揚、称賛につなげることがあってはならないと考える。あくまで仏教は出家主義仏教でなければならない。道元禅師も維摩居士を非難しながら、この点をとくに強調している。

13　意識下の世界を見る

最後に残るもの

人間の死後、何が残るのだろうか。死後の霊魂の存在について釈尊は何も教えなかった。釈尊は人間各自の生存中の行為（業《ごう》）の蓄積が一つの力をもち、それに促されて来世の生存が繰り返されると教えた。ただその場合、再生する主体が何かということについては説かなかった。したがって、生死を繰り返す主体、つまり輪廻の主軸となるものは何かが、仏教徒には大きな問題となった。

仏教は固定的実体を立てない。つまり諸法無我の思想を主とするのであるから、何らかの不滅原理となる本体を考えることはできない。不滅原理としての本体は、変化しないもの、他に依存しないものであるからだ。

あるものから他のものに変化する、有から無に、逆に無から有に変化することがないし、また生起したら消滅する、消滅したらまた生起するという繰り返しがない。これが変化しないことである。依存しないことは自立自存できることである。他のいかなるものともかかわりがなく、存在することができるあり方をいう。

不滅原理とはこのように不変独立の、そして自己同一のものであるが、考えてみると、この現象世界にこのようなものがあるわけがない。世界に現象しているものはみな千変万化し、相依・相関している。これが世界の法則である。このあり方が縁起である。

世界は縁起しているから、現象するすべての個体には不滅の実体がない。ものにはその実体が欠けているのである。したがってものは不滅ではないのである。

ものに不滅の実体がないことを仏教では空《くう》と表現した。

ところが、人は自分自身の身体を含め、この世界に存在するあらゆるものには、何か不滅の実体がありそうだ、何かこれだけは永遠に所有できて、頼りになれるものがありそうだと考えている。しかしそれは幻想であって、ものへの執着から生まれた錯覚である。

釈尊はある経典（『小空経《しょうくうきょう》』）で、空について興味深い説明をしている。

それは、「何かがそこにないとき、それについて、それは空であるとみる。しかもなお、そこに何か残った（もの）があれば、それはここにじつにあるのだと人は知る」という文である。あるものにこれこれのものがない、欠けているということがわかっても、その欠けているもののほかにまだ何か残されている。それが厳然としてある。これはその段階では実在である、という。

空の実践

この『小空経』に述べるところの空の意味を要約して紹介し、それが何を説くものかを考えてみることにしたい。

あるとき、鹿母《ろくも》講堂において釈尊は空に関する瞑想について次のような説法をした。

いまこの講堂の中には象や牛馬や金銀の飾り物などや在家信者たちは見当たらない。つまりこの場所にはそれらは欠けていて、空である。だが、君たち修行僧たちは現にそこに実在している。空ではない。ここに残っている。

これと同じように森林中で瞑想をしているときを考えてみると、そのときその修行僧の心の中には村や村人や往来の人々のことなど何も影を落としていない。かれにとってそれらは執着の対象とはなっていない。空である。だが、森林の中にいることは心の中に意識されている。森林で瞑想しているというはたらきが残っている。

そこでかれはさらに森林についての想いを瞑想を進めるなかで取り除くことになる。すると、かれの心の中に森林の想いはなくなってしまう。空になる。しかし、大地の上にいるという実感があるので、大地の想いが残る。この大地に住むという想いを離れるとき、かれは自分の外界に対する執着を離れて、それら外のものについての想いはみな心の中からなくなって、空となる。

ところがそれでもまだ心にはとらわれているものが残っている。あるいは心を惑《まど》わすものが残っていることを否定できない。

さらに自分の身体への執着を一つ一つ離れ、心の世界に雲のように現われる惑いを取り除き、最高の瞑想である無相心定《むそうしんじょう》に到達し、瞑想は終極に至ったかのように思われる。つまりその境地では漏れ出るあらゆる煩悩の毒が滅し尽くされて、なすべき修行もすべてなし尽くしているので、心は安らぎ、最高の悟りであるアラカン（阿羅漢）の位に達したと自覚される。

そこの心の世界には、あらゆる惑いが空となり、まったく障《さわ》りもなく、引っ掛かるものもなく、清浄そのものの心の世界が出現するかのように思われるが、じつはそれでもまだ心をわずらわすものが残っている。

それはいのちを原動力としてはたらく眼・耳・鼻・舌・身（皮膚とそれに包まれる内臓）・意《こころ》の六つの感覚器官がある肉体そのものから生ずるわずらいである。これが最後に残るわずらいである。これは実在である。どんなに空《くう》じていっても現実にこのわずらいが残ると釈尊は教えた。

空の実践は、このように一つ一つの修行の妨げとなるもの、さらには心をわずらわすものから離れていくことである。さらにつぎに心のわずらいとなるものが残っていることを観察して、それをまた払いのける。この妨げとなるものを取り除き、捨てていくことによって最後にそれでもまだ残るものがある。

瞑想によって、ものの本質は空であると一つ一つを見て、行きついたところに残るもの、それは実在だと釈尊は教えた。それは肉体の中につくり出されるわずらい（患《げん》悩《のう》）であると説明した。

だが、そのわずらいが肉体が存在する限り、空と見ることのできない実在として残るのであるから、生きている限り、人はそのわずらいに縛られたり、支配されたりしないように修行を怠ってはならないということになる。釈尊でさえ、悟りを得たあとでも修行を続けたのは、このわずらいがあったからである。

自我意識を支配するこころのはたらき

生身《なまみ》がある限り、どうしてもそこからわずらいが生まれる。それはどんな清泉の流水といえども、流れ続けるうちに水あかが出るに似ている。どんなきれいな水を飲んでも、きれいな食物を食べても、必ず汚物となって排泄されるに似ている。生きている間、人はこの肉体の生み出す根源的わずらいに惑わされることになると釈尊は考えた。

しかし、この根源的わずらいの存在がどんなものかについて、釈尊はとくに説明することはなかった。ところが後世に大乗仏教が興起するに至って、この問題に大きな関心が寄せられるようになった。大乗仏教の中の唯識《ゆいしき》という思想が人の意識下にうごめくものを追究した。

坐禅をしている間にも、あるいは修行をしている間にも、どうしても払いのけることができない煩悩が残っている。というよりは根源的なわずらいがあって、それが中心的に作用しているらしい。すべてのものは空と観察していっても、空《くう》じていった先にまだ残っているわずらいがある。そのわずらいをもたらす存在が意識の深層にあると考え、これを唯識思想はアーラヤ識《しき》と見たのである。

一般には感覚器官のはたらきそのものを識《しき》（こころ）という。感覚器官を最初は眼・耳・鼻・舌・身・意《こころ》の六つに分けて考えていたが、よく観察してみると、第六番目の意《こころ》には自我を考えるこころがあることをつきとめ、このこころをマナ識と名づけた。ところが、この自我意識の下にこれを支配するこころのはたらきがまだあると見た。これをアーラヤ識と名づけたわけである。

このアーラヤ識が世界の現象の根底にあると考え、アーラヤ識のはたらきが展開して、すべてものは現象しているという三界唯心《さんがいゆいしん》（現象界はただ心のあらわれにすぎないこと）の思想が生まれた。

アーラヤの原意は「住居」である。あり場所、入れもの、蔵《くら》という意味もある。この動詞語根では横たわる、定着するという意味がある。原語の意味からわかるように、このこころのはたらきはすべてのものを貯蔵する場所であり、それもものの底部に脈々として息づいていることである。

アーラヤ識は外界の現象を認識する。その認識されたものがプリントされて残る。印象が残るわけである。これがアーラヤ識（貯蔵するこころ）に蓄えられる。ちょうど香りが衣類に付着するようにである。香りの本体がすでにないにもかかわらず、衣類に付着した香りは消えることなく残る。その付着した香りは、どこにその衣類を着ていっても消えることなく、香りを漂わせている。

　このようにアーラヤ識は外界に現象したものを感覚し認識したら、その印象を残している。一つに限らない。眼などの六つの感覚器官を通して感覚し認識された多くの印象が蓄えられるので、まさにその場所は蔵《くら》であり、入れ物であり、住宅でもある。

　ところが、そのアーラヤ識が蓄えた印象は次に外界から入ってくる刺激に反応を示し、はたらきを起こすのである。すなわち記憶が呼びさまされる。ちょうどコンピュータが呼び出しの指令を受けると、インプットされた情報をすぐさま提供してくれるに似ている。印象が蓄えられているすがたは、植物の種子に似ていることから、アーラヤ識を種子識《しゅうじしき》とも呼ぶ。

　宗教的な表現でいえば、迷いの根源としての潜在的な心のはたらきがあると考えたのである。それのはたらきが種子に譬えられて、種子のような心のはたらきとしたわけである。これが潜在的にはたらき、次の行為に影響を与えるという考えである。

　アーラヤ識は迷いの種子を収める蔵と考えられている。このアーラヤ識は、外界の環境をただ感覚し認識し、同時に内面から身体を見ている。とくに内面から身体を見ることによって、この身体にそれぞれの感覚器官がはたらきかけて印象を与える。その印象が与えられた種子から、次の行為が生まれる。こんどはその行為が新たな印象をアーラヤ識に植えつけ、さらにアーラヤ識から生起するはたらきが人の肉体と考えられている。肉体はこのアーラヤ識から発生するはたらきそのものというわけである。

迷いの根源

いまも述べたように、アーラヤ識は迷いの根源とされるはたらきをいうが、それが人間の種々の汚れた行為を生み出している。そのアーラヤ識と汚れた行為とはどんな関係にあるかというと、これがまた問題となるところである。それを『摂大乗論《しょうだいじょうろん》』という文献には、譬えを用いて説明している。

たとえば明るい灯のようなもので、焔が生じるのと、芯が燃えるのとは同時であり、どちらも因であり果であることに譬えられる。また葦の束がたがいに依存し、倒れないようなものに譬えられる。この二つの譬えのようにアーラヤ識は汚れた行為の原因であり、また汚れた行為がアーラヤ識に起因する。いずれも因としての条件を備えてかかわりをもっているという。

アーラヤ識はこのように迷いの根源として種々の汚れた行為を生み出すと考えられるので、そのアーラヤ識は汚れた種子といわれる。この意味では人間は本性として悪ということになるが、本性が悪であれば、人間はいくら修行しても世俗を超えた悟りの境地を得ることはできなくなるはずである。もし悟りを得ることができなければ、唯識学派は何のためにこのアーラヤ識を説いているかと疑わざるをえない。

じつはアーラヤ識を説いた理由は、世俗を超えた悟りを得る可能性がどんな人にもあることを論証するためであった。アーラヤ識の存在がなければ、悟りを得ることはできないというのである。どういうことかといえば、「教えを聞くこと」がなければならないからである。アーラヤ識に教えを聞くというはたらきもあると説くのである。

正しく世間を見、世間を超えた悟りを得る心はどんな種子から生まれるかというと、それはブッダの世界、つまり真理の世界から流れ出た多くの教えを、たえず繰り返し聞くことにより（薫習《くんじゅう》）、その聞くことが習い性となる。それが種子として形成されて、最後には悟りの心を得るに至ると考えられている。その種子はアーラヤ識の中に保存されるという。

ところで清浄なる世界から流れ出る教えを聞くのは耳でもなく、たんなる意識でもないとして、アーラヤ識で薫習されて種子となって保存されるとすれば、その教えを聞く種子はアーラヤ識と同じく汚れた性質のものと考えられることになりはしないだろうか。

乳と水のたとえ

これに対して、たえず教えを聞くという薫習《くんじゅう》（習い性、または匂いづけ）は、アーラヤ識自体のはたらきではなく、アーラヤ識のはたらきの中に共在、寄在して和合しているという。それを有名な「水と乳」の譬えを用いて『摂大乗論』は説明する。

つまり水に混在する乳のように、アーラヤ識のはたらきの中に、聞く薫習はあるという。乳は水そのものではないが、水と共存し、混在し和合している。ところが乳は決して水とはなりえない。乳がたえず水の中に注ぎ込まれると、乳の量が増え続け、ついには水はなくなり、乳だけになってしまう。聞くことの薫習もそのように種子となるのである。

それは毒と薬との関係でも考えられる。薬を服用すれば、その薬は体内で毒と共存することになる。共存するが薬は毒と同化するわけではない。かえって毒を解除してしまう。これと同じように、教えを聞く薫習がアーラヤ識のはたらきに寄在、共在することは、しだいにアーラヤ識の体質を改善して、最後には聞く薫習の種子で満たされることになる。

そこに教えだけ、真理だけの姿が現われてくる。ブッダの出現である。ここにおいて、アーラヤ識は迷いの根源としての根拠をもたないものになる。アーラヤ識は真理を内容とする身に変化することになる。これは人が悟りを得、悟りそのもの、すなわちブッダになったことを意味する。

この思想の教えるところは、人は正しい教えをたえず聞き、繰り返し聞くことによって、それを行ないに反復し続ければ、もろもろの悪を絶対にしなくなるということにあると思われる。事実、釈尊も悟りを開いてからもなお修行を続けたし、臨終に際しても、まわりの人々に対してたえず精進せよと教えている。道元禅師も「悟上《ごじょう》の修《しゅう》」といって、悟ってもなお修行せよと述べている。

これらは生身《なまみ》から生ずるわずらいを除くには、ひたすら戒にもとづく修行しか方法がないことを教えている。

14　ブッダになるために

ブッダになる教え

仏教ということばには、ブッダの教えという意味と、ブッダになる教えという意味とが考えられる。前者の意味だけでは生きた宗教とはならないが、ブッダとなる教えといえば、実践的意味が充分に汲みとれる。

ブッダの教えだけにとどまるのでなく、それはブッダになる教えとならなければ、仏教が宗教としてのはたらきをもたないものとなってしまう。釈尊はだれでもブッダになれることを教えたのであるから、それを強調しないのならば、たんなる哲学にすぎない。

仏教の基本には、つねにブッダになることを目的にした教育があるといえる。出家者であろうと在俗の人であろうと、必ずいつかは遅かれ早かれ、ブッダになれると教えた。そのために戒を守り、日々の生活態度や考えが極端に走ることなく、バランスのとれた状態を保つように心がけるべきだとさとすのが仏教である。

中道《ちゅうどう》の生活が教育の目的である。遊びにふけるのも極端である。といってガムシャラに勉強、勉強といって夜も眠らずに勉強に明け暮れるのも極端である。遊んではいけないともいっていない。また勉強は無駄だともいっていない。

釈尊が菩提樹下で悟りを得たあと、かのサールナート（鹿野園《ろくやおん》）で五人の友人たちにはじめて説法した折に述べたと伝えられることばがある。

君たち、出家者は二つの極端に近づいてはいけない。その二つとは、一つはいろいろの欲を貪り、執着すること。その行ないは下劣で卑賤で、愚者のやることだ。賢明な人のすることではない。

二つは身体を痛めつける苦行をすること。それはただ苦痛だけが残り、意味がない。賢明な人のすることではない。

君たち、ブッダはその二つの極端を捨てて、中道を悟ることができた。

（相応部経典巻五、『如来所説』）

欲の満足に耽ることも間違いであり、苦行を事とするのも間違いである。いずれにも偏らない行ないが中道の生活である。

中道の行ないは固定した、一律的なものではない。場所により、時代により、人により、慣習により、それぞれの条件に応じて中道は実践されなければならない。

たとえばコタツの温度調節器を例にとって考えてみよう。調節器には弱・中・強の文字がついており、それぞれの印のところにダイヤルを回すと、好みの温度が得られる。弱・中・強のなかで、中がこの場合両極端を離れて中道と考えられるが、これだけが中道ではない。弱のなかにも中道がある。それは弱にダイヤルを合せると、調節器はその範囲の適温を維持するようになっており、熱くなりそうになるとスイッチが切れ、反対に冷えすぎるようになるとスイッチが入る。そのようにして熱すぎず、冷えすぎない弱の適温をつねに調節している。これが弱の中道のはたらきである。

このように中の印のところでも強の印のところでも、それぞれ中道のはたらきがあって適温が保たれている。

中道の思想は、ものの運動、働きのなかで極端に偏らないでバランスを保つときに、すべての行為は秩序があり調和があることを教えている。

人間の行ない、その生活についていえば、中道の生活をするためには、人は身体的にも精神的にもバランス感覚を得なければならない。これが仏教教育の基本的考えといってもよいだろう。また、この中道思想を抜きにして仏教の教育法を語ることはできない。このバランス感覚が考え方にも生き方にも習得されなければならないので、出家者は厳しい修行を要求されることになる。

仏教の「教育」用語

仏教経典の中で教育と漢訳された原語にあたる用語を見ると、ヨーロッパの諸国語に見られるエデュケーション（education）の意味とは、いささか相違するところがある。エデュケーションの語源を見ると、「～から外へ引き出す」の意味で、人の個性、能力を引き出すのが教育の本義であった。

これに対して仏教の用語では、パリパーカ（paripāka）、ヴィネーヤ（vineya）、シャーサナ（sāsana）などのサンスクリット語が相当するだろう。パリパーカの語根はパー（pā）で、保護する、統御する、顧慮するという意味があり、これにパリ（遍く）の接頭語がついたものである。ヴィネーヤの語根はニー（nī）で、連れ去る、案内する、導くの意味で、これに接頭語ヴィ（vi）がついて、馴らすという意味になる。シャーサナの語根シャース（sās）は、教える、命令する、調伏する、懲《こら》しめるの意味がある。

これらのことからわかるように、教育はいろいろな内容をもった用語であって、人格形成の上では、その内面から作り変えることでもあり、ある定められたことに馴れさせることであり、規則に従わせ、悪の芽を調伏することなどの意味を含んでいた。

修行の語も宗教上の特殊な教育用語と考えてよい。修行の原語の一つにバーヴァナー（bhāvanā）というサンスクリット語がある。これは心を定めること、瞑想という本来の意味があり、これを仏教では勤修《ごんじゅ》、数習《じゅじゅう》、薫習《くんじゅう》という意味で用いている。つまり繰り返し行なうこと、習慣づけることが修行である。これにもっとも相当する用語は戒律の戒である。戒のサンスクリット語シーラには性癖、習性、習慣の意味がある。戒はつまり繰り返し規律を行ない、習慣となるまで身に付けさせることを意味する。

さきに述べたバランス感覚が身心に獲得されるには、このようにいろいろの戒を修行することが必要となるわけで、それは理屈で得られるものではない。仏教の教育法は一つ一つの戒を理想の状態へ導く飛び石のごとくに考え、それを一つ一つ習慣づけていくことを教えるのである。

ただ知識を与えるだけではなく、それを身体で慣れ憶《おぼ》えさせるところまでに導くことが教育だとされている。

日常の中で宗教的人間の理想像を追求

「習うより慣れよ」という諺がある。これは英語を話す文化圏の人々の間でも、Practice makes perfect. として知られる。洋の東西に共通した考え方があることに気づく。頭で知っているだけでなく、行ないとして身につけることが大切であるという意味であろう。知識より智慧を重んじる考え方である。

仏教が戒の実践を強調するのは、日常性の中に、宗教的人間の理想像を追求しているからである。なぜならば、神の力や神秘的な力に救われるような人間を理想的人間とは考えていないからである。

人間共同体の中で当然してはならないことを、日常生活の行為の上で習慣づけて、しなくなること、これが戒のめざす究極の実践である。そして、しなければならないことを習慣づける前に、してはならないことをしなくなるように習慣づけることが仏教の戒の理念である。

したがって、仏教では善いことをする戒（作善戒《さぜんかい》）より、悪いことをしない戒（止悪戒《しあくかい》）の方が多く、しかも後者を重視している。そこには、悪いことをしなくなれば、改まって善いことをしようというはからいを必要としない考え方がある。悪いことをしないことが、そのまま善いことをしていることになるわけである。

今日の道徳標語の一つに「一日一善」がある。釈尊の立場からすれば、「一日一つ悪いことをしない」ということになる。「悪いことをしてはいけない」ではなく、「悪いことをしない」という戒が日々一つずつ身についていくことを釈尊は教えた。

ただこれを達成させるのは、在俗の生活を続けている間は困難といわなければならない。ある程度のところまでは実現できようが、もっとも理想の人間、つまりブッダになるためにはやはり出家しなければならない。

釈尊はそこで出家生活に入ることを勧めた。この点では、仏教の理想達成は出家生活を通してでなければできないことになるようである。

学び、馴れ、なり切る

仏教の教育法は要するに学び、馴れ、そしてなり切ることを教えると考えてよい。それはブッダになることを目標とする教育である。

釈尊は、

すべて悪いことをなさず、
善いことを行ない、

自己の心を浄めること、
――これが諸《もろもろ》の仏の教えである。（『真理のことば』中村元訳、一八三偈）

と述べている。この中で悪いことをしないと述べていて、悪いことをしてはいけないと命令形で述べていないところに注目すべきである。悪いことをしなくなり、することなすこと人々の心を和らげ、安らげ、喜ばせるようなことしかできなくなる。そこまで身も心も習慣づけられていなければならないのである。戒を守るというのは、そこをいう。

だから仏教では戒がもっとも重要視され、これが自分自身の血となり肉となるように身につくことが要求される。その身についた状態を戒体と表現している。

戒は香に似る

『ミリンダ王の問い』に戒を譬えによって説明したものがある。

大王よ、かの尊き師によって、いろいろの戒が説かれた。その戒の香を塗った尊き師の子らは、神々および人々を戒の香をもって薫習《くんじゅう》し、馥郁《ふくいく》たる香を漂わせ、その香は四方八方にも、順風にも逆風にも薫り、絶えず薫り、よくひろがっている。香はいったん物に薫ずれば、香の本体がなくても、香は薫じた物に着いて、いつまでも薫りつづける。戒も香と同じだとここでいう。戒が人の身心に薫じ習性となるまで習慣づけられると、もう文字で表わした規則も経文もなにもいらない。自らが経文であり、教えである。教えも規則もそれらが自らの身心の戒体とならなければ、人は頭で考え、頭で憶《おぼ》え、頭で教え、ついにはそれがドグマ化してしまう。教えも規則もみな戒体となるとき、あえて文字化する必要もない。

仏教の教育は一つ一つを習慣づけるまで実践させることにあった。教えにしろ、規則にしろ、すべて人々に習慣性とならなければならないことを強調している。頭で憶えるより身体で憶えろが仏教の教育方針である。

教えもまた捨てられるべきである

そこで釈尊の教えは筏《いかだ》に譬えられている。原始経典の中に『筏』と題する経典があるが、そこで釈尊は次のように説いた。

「たとえば街道を歩いている人が、途中で大河に出会ったとしよう。そうしてこちらの岸は危険で恐ろしく、向こうの岸は安穏で恐ろしくないとしよう。しかもこちらの岸から向こうの岸に行くのに渡し舟もなく、また橋もないとしよう。向こうの岸へ渡らなければならないとしよう。そこで、かれは草・木・枝・葉をあつめて筏を組み、向こうの岸に渡ろうと考えた。その筏によって安全に向こうの岸へ渡ったとしよう。かれが渡りおわって向こうの岸に達したときに、次のように考えたとしよう。すなわち、〈この筏は実に私にとって益することが多かった。したがって、行く先で役に立つであろうから、この筏を頭に載せ、あるいは肩にかついで進もう〉と。きみたちはこれをどう思うか、かれはこのようにしたならば、その筏に対してなすべきことをしたのであろうか」。

修行者らはいった、「そうではありません」。

釈尊はいった、「ならば、その人はどうしたならば、その筏に対してなすべきことをなしたことになるであろうか。かれが渡り終わって向こうの岸に達したとき、次のように思ったとしよう。すなわち〈この筏は実に私に益することが多かった。私はこの筏によって安全にこちらの岸に渡った。さあ、私はこの筏を岸に引き上げ、あるいは水上に浮かべて、そのままにしていこう〉と。かれがこのようにしたならば、その筏に対してなすべきことをなしたことになろう。このように、ものに執着しないように、この筏の譬喩《ひゆ》を私は説いたのである。修行者たち、実に筏の譬喩を知っている君たちは教えもまた捨てられるべきである。いわんや邪教をや」。

（中部経典巻一）

これに似た考えは古代中国にも見られる。『荘子』第二十六「外物篇」にあるのを紹介しよう。

筌《うえ》は魚をとるための道具である。魚をとらえてしまえば、筌のことは忘れてしまうものだ。蹄《わな》は兎をとらえるための道具である。兎をとらえてしまえば、蹄のことは忘れてしまうものだ。ことばというものは、意味をとらえるための道具だ。意味をとらえてしまえば、ことばに用はなくなるのだから、忘れてしまえばよい。

（森三樹三郎訳『世界の名著』4、四九一ページ所収）

この思想にもとづいて、後代の禅宗では「筌蹄《せんてい》」という用語が生まれ、手段、方便の意味にとった。これは目的が達せられれば、筌蹄は捨て去られるもので、筏の譬えと同じ比喩として用いられる。

相手に応じて一つの教えは種々の方便をもって説かれるが、相手がそれを実践のうえで戒として修得すれば、教えを再び説く必要はなくなる。行ないが、動きが、はたらきがすべて教えそのものとなるのだから、経文も、ことばも用いる必要はなくなる。ここの心境に達した人こそ、ブッダである。

解　説

湯田　豊

人類の思想史において、シッダッダ・ゴータマほど多くの人に大きな影響を与え、アジアに不滅の痕跡を残した人間は滅多《めった》にいません。周知のように、ゴータマ、すなわち、ブッダは独力で仏教という宗教を創始しました。仏教は、無数の人々に慰めを与えただけでなく、崇高なヒューマニズムをもたらしました。このような宗教が何を説いたか、ブッダの教え、すなわち、釈尊の真意はどこにあったかを明らかにしようとしたのが、田上太秀著『仏陀のいいたかったこと』です。著者のこの書物を、わたくしはブッダの非神話化を企てた一つの試みとして高く評価したいと思います。

I

生身の人間としてのブッダは重要ではない、彼の教えだけが価値のあるものである——このように、今まで仏教徒は主張して来ています。しかし、田上教授は「偶像化した釈尊ではなく、体臭が感じられるほど身近な釈尊を描こう」（まえがき）と試みました。そうすることによって、彼は「人間釈尊の本音はどこにあったか」ということを明らかにしようとしたのです。ブッダの布教を可能にし、それを成功させた政治的＝社会的諸関係とともに、著者はブッダの教えを理解しようとしました。生身のブッダ、および彼の生活環境を知ろうというのが本書のユニークな特色の一つになっています。このような問題意識をもって書かれた仏教書は、まだ日本には存在しません。

　ブッダの生活環境として著者によって重視されたのは、古代インドの階級、人生の段階、バラモンの祭祀（特に火の祭り）、そして宗教的な解放運動です。本書『仏陀のいいたかったこと』は、十四の章から構成されています。第1章において田上教授は古代インドの階《ヴァ》級《ルナ》、人生の段階《アーシュラマ》、およびバラモン哲学についてスケッチし、その後にブッダと同時代の宗教的な解放運動について論じていますが、彼は沙門《しゃもん》（シュラマナ）を異端としての自由思想家として理解し、代表的な六人の思想家について実に詳しく論じています。

　いわゆるホームレスとして放浪していた自由思想家のひとり——それがブッダである——このように著者は考えています。ブッダは沙門であり、仏教の起源は沙門によって代表される宗教的な解放運動に求められます。「これら六人のシュラマナ、つまり自由思想家たちは新興都市を中心に、王侯・貴族・富豪の政治的・経済的支持を受けて、活発な活動を展開した。……そして多くの人々から尊敬されていた。出家者であり、修行経験も豊富であったと伝えられる」(三四頁)と著者は言っています。「……仏教の開祖、釈尊《しゃくそん》の場合も同じであった」(三四頁)と言えるでしょう。六人の自由思想家について、田上教授は非常に詳しく、しかも正確に論述しています。沙門についてこのように詳細に論じている仏教書を、わたくしは知りません。まことに、本書は他に類のない、画期的なものであります。

田上教授は、第2章において「釈尊の思想は火の宗教を制したのである」(四七頁)と言い、ブッダの反祭祀、反祭式の立場を明らかにしています。第3章(五九頁以下)においても、彼はバラモンの火の祭り、および祭祀を否定することによって仏教が成立したと考えています。確かに、ブッダは火の祭り、あるいはバラモンの儀式を否定しました。しかし火の祭り、ないし祭祀からどのようにして古代のバラモン哲学――ウパニシャッド――が生まれたかを、著者は解明していません。彼によって示されたのは、バラモンの哲学が師匠から愛弟子・妻・実子などに秘密のうちに伝えられた教えであること(四六頁参照)、および「宇宙原理のブラフマン(梵《ぼん》)と個人に内在する原理のアートマン(我、霊魂)とは本来一体であるという梵我《ぼんが》一如《いちにょ》の哲学」(一七頁)なのです。弟子が師匠の足もとに座って師匠から秘密の教えを授けられるというのがウパニシャッドの本来的意味であるという〝定説〟は、今日では、もはや通用しません。初期のウパニシャッドには、そのことを証明する箇所は一箇所もありません。しかし田上教授によって紹介されたウパニシャッドの本来的な意味は、殆《ほと》んどすべてのインド学者によって承認されています。また、アートマン＝ブラフマン説は、ウパニシャッドの基本的な教えとして世界の学界において認知されています。

しかし私見によれば、初期のウパニシャッドにおいてアートマン＝ブラフマン説は決して中心的なテーマではありません。もしも、わたくしの思い違いでなければ、あのブッダが愚者の教えとして否定しているのは本来的な自己（アートマン）であり、アートマン＝ブラフマン説は彼によって全く言及されていないことを付言しておきます。

II

『仏陀のいいたかったこと』において、著者は三つのテーマを扱っているように思われます。すなわち、第一に、四つの貴い真理および八正道というブッダの最初の説法について、彼は、これを〝中道〟として理解しています。第二に、縁起《えんぎ》、無我《むが》、輪廻《りんね》という、ブッダの基本的な思想について、彼は徹底的に論じています。第三に、ブッダ自身の平等観、特に、〝男女平等説〟について、著者は雄弁に語り、その際に、階級に関するブッダのユニークな見解にも触れています。

本書の第4章において、田上教授は、ヴァーラーナシ（＝ベナレス）の説法を、極端を離れた〝中道の実践〟として解釈しています。最初の説法において、ブッダは極端な官能的快楽および禁欲（苦行）を避け、「中道」を説きました。ブッダの「中道」を、著者は「釈尊は欲を肯定も否定もしなかった」（八三頁）というふうに解釈しています。〝欲望〟ないし

〝渇き〟に対する無執着を、著者は〝中道〟として理解し（九一―九三頁参照）、釈尊は「欲を捨てろとはいわない。欲から遠く離れろと教えた」（一三七頁）と言い切りました。ブッダの真意が〝欲望〟の否定、〝渇き〟の絶滅であるという古い解釈に反対して、著者は新しい解釈を提唱しています。ヴァーラーナシの説法において中道が八正道と同一であると見なされていることは否定され得ません。

本書の第4章（八七頁以下）において、著者は出家者の修行道としての八正道（正しい観察、正しい思念、正しいことば、正しい行為、正しい生活態度、正しい努力、正しい記憶、正しい注意＝田上訳）についてスケッチしています。彼は〝中道〟を「欲そのものの否定、あるいは欲の禁断ではなくして、欲への執着を戒める立場であった」と言い、引き続き「それが『中』の立場であり、（八正道の）正の意味である」（九三頁）と言って、田上教授は *The New Buddha* のイメージを創出しました。

〝縁起〟（一六九頁以下、一七五頁以下）および〝輪廻〟（一五六頁以下）に関する著者の説明は申し分のないものであると言えましょう。田上教授のおかげで、われわれはブッダの基本的な教えについて正しく知ることができます。輪廻を可能にするものがカルマン（業《ごう》）の法則であり、この法則が報復の原理に基づいていること、そして無我説が縁起説の論理的帰結であることも、わたくしは著者の流暢《りゅうちょう》な文章から読み取ります。彼自身は次のように述べています――「釈尊の教えからいえば、すべてのものが縁起しているのは、ものに本来、永久・恒存の実体がない（諸法無我《しょほうむが》）からということになる」（一四六頁）と。明晰《めいせき》に、そして簡明に、しかも、平易であるだけでなく、味わい深い文章で、田上教授はブッダの教えをわれわれに伝えてくれます。

『仏陀のいいたかったこと』第3章において、著者は男女の間に差別はなく、「人はみな生まれたときから人として平等である」（七三頁）と言っています。釈尊は「人間平等」というスローガンを掲げて法を説いたと著者は考え、彼のこの主張を、本書のハイライトである第5章において具体的に例証しています。著者の考えに従えば、男に生まれかわらなければ究極の悟りは得られないという〝変成男子《へんじょうなんし》〟の考えは、ブッダの本来的な教えではないということになります。「女性の本性は男性と異なるわけではなく、その行為が正しければ同じように悟りを得られるという行為平等論」（九九頁）にブッダは立っている――このように田上教授は言っています。彼はブッダの行為論を重視しています。

万人は平等に生まれ、死ぬまで平等である、と、私自身は思いません。しかし、ブッダが女を男と同等であると見なしたことはパーリ聖典において証明されています。ブッダが男女平等を説いたという田上説は正しいと思います。

III

「ブッダになる」ことが釈尊のメッセージであると考え、どのようにして、人間はブッダになれるかという青写真《ブルー・プリント》を田上教授はわれわれに示してくれます（二六六—一八五頁）。ところで、ハイデガーと並んでニーチェ解釈を代表するアメリカの哲学者、カウフマンは宗教の本質を〝神のようになろうとする熱望〟であると言明しました。確かに、宗教の本質は自己自身を向上させようとする熱望です。田上教授は、〝ブッダになる〟ための道をわれわれに示しました。〝ブッダになるために〟われわれは極端に走ることなく、バランスのとれた生活をすべきだ、と彼は強調します。「行ないが、動きが、はたらきがすべて教えそのものとなる」ような「心境に達した人こそ、ブッダである」——この言葉をもって『仏陀のいいたかったこと』という書物は完結されています。彼のこの書物は仏教のＡＢＣさえ知らない人々にとって最良の入門書であるばかりでなく、仏教を専攻する研究者にとっても有益である、と、わたくしは確信します。『仏陀のいいたかったこと』が、西暦二〇〇〇年の初頭に出版されることを、わたくしは大きな喜びをもって歓迎します。

——・——

今、『仏陀のいいたかったこと』に対する解説を書きながら、わたくしは大学院時代を懐《なつ》かしく思い出しています。田上太秀と湯田豊——二人は同じ年に東京大学大学院の修士課程（印度哲学科）に入学し、同じ年に博士課程に進学し、同じ年に博士課程を修了しました。田上太秀は、わたくしの最も親しい同級生だったのです。当時は、二人とも若かった。若き日の田上太秀は血の気が多く、いつも活気に満ち、行動的で、よく哄笑し、楽天的でした。

そんな彼の同級生であったことを、わたくしは今でも誇りに思っています。

博士課程を修了した年の春、仏教研究への燃えるような情熱を胸に秘め、彼は駒澤大学に奉職して、後に仏教学部の教授になりました。やがて彼はアメリカ、カリフォルニア大学のロサンゼルス校に留学し、仏教研究の大きな成果を携《たずさ》えて帰国し、現在に至るまで駒澤大学で教鞭をとっています。また学外での活躍もめざましく、NHK教育テレビでも、彼は講師として仏教について語っています。

田上博士は、インサイダーとして内部から仏教を変革しようと努力しています。換言すれば、彼は仏教の内部に身を置きながら、伝統的な仏教に挑戦し、それを徹底的に批判し、仏教の「脱構築」を図っているとも言えます。『仏陀のいいたかったこと』は、古い仏教の脱構築として理解されてよいのではないでしょうか。田上太秀の仏教研究の根底にあるのは、〝ブッダになる〟という熱望です。彼は、常に現実との接点を見い出し、現実に対して心を開こうとしています。田上太秀とわたくしは対照的です。彼が〝ソフト〟であるのに対し、わたくしは〝ハード〟ですが、彼が〝ソフトである〟というのは、あらゆる人間に対して優しいということなのです。本書『仏陀のいいたかったこと』は、人間理解に対しての、彼の〝優しさの結晶〟として読まれるべきだ、と（も）、わたくしは思います。

（神奈川大学教授）

本書の原本は、一九八三年、講談社出版研究所から刊行されました。

田上太秀（たがみ　たいしゅう）

1935年ペルー・リマ市生まれ。駒沢大学仏教学部卒業。東京大学大学院修士課程修了。同博士課程満期退学。駒沢大学仏教学部教授。駒沢大学禅研究所所長。文学博士。著書に『禅の思想』『禅語散策』『道元のこころ』『仏陀臨終の説法―完訳・大般涅槃経』（全4巻）『仏教の世界』『釈尊の譬喩と説話』『四十二の教訓―四十二章経を語る』『迷いから悟りへの十二章』等多数。

講談社学術文庫

定価はカバーに表示してあります。

仏《ぶつ》陀《だ》のいいたかったこと

田《た》上《がみ》太《たい》秀《しゅう》

2000年3月10日　第1刷発行
2021年5月25日　第21刷発行

発行者　鈴木章一
発行所　株式会社講談社
東京都文京区音羽 2-12-21 〒112-8001
電話　編集部（03）5395-3512
販売部（03）5395-4415
業務部（03）5395-3615

装　幀　蟹江征治
印　刷　株式会社廣済堂
製　本　株式会社国宝社

ISBN4-06-159422-2

「講談社学術文庫」の刊行に当たって

これは、学術をポケットに入れることをモットーとして生まれた文庫である。学術は少年の心を養い、成年の心を満たす。その学術がポケットにはいる形で、万人のものになることは、生涯教育をうたう現代の理想である。

こうした考え方は、学術を巨大な城のように見る世間の常識に反するかもしれない。また、一部の人たちからは、学術の権威をおとすものと非難されるかもしれない。しかし、それはいずれも学術の新しい在り方を解しないものといわざるをえない。

学術は、まず魔術への挑戦から始まった。やがて、いわゆる常識をつぎつぎに改めていった。学術の権威は、幾百年、幾千年にわたる、苦しい戦いの成果である。こうしてきずきあげられた城が、一見して近づきがたいものにうつるのは、そのためである。しかし、学術の権威を、その形の上だけで判断してはならない。その生成のあとをかえりみれば、その根は常に人々の生活の中にあった。学術が大きな力たりうるのはそのためであって、生活をはなれた学術は、どこにもない。

開かれた社会といわれる現代にとって、これはまったく自明である。生活と学術との間に、もし距離があるとすれば、何をおいてもこれを埋めねばならない。もしこの距離が形の上の迷信からきているとすれば、その迷信をうち破らねばならぬ。

学術文庫は、内外の迷信を打破し、学術のために新しい天地をひらく意図をもって生まれた。文庫という小さい形と、学術という壮大な城とが、完全に両立するためには、なおいくらかの時を必要とするであろう。しかし、学術をポケットにした社会が、人間の生活にとってより豊かな社会であることは、たしかである。そうした社会の実現のために、文庫の世界に新しいジャンルを加えることができれば幸いである。

一九七六年六月

野間省一

夢中問答集
夢窓国師《むそうこくし》著／川瀬一馬校注・現代語訳

仏教の本質と禅の在り方を平易に説く法話集。悟達明眼の夢窓が在俗の武家政治家、足利直義の問いに懇切丁寧に答える。大乗の慈悲、坐禅と学問などについて、欲心を捨てることの大切さと仏道の要諦を指し示す。

1441

歎異抄
梅原 猛全訳注（解説・杉浦弘通）

大文字版

流麗な文章に秘められた生命への深い思想性。悪人正機、他力本願を説く親鸞の教えの本質とは何か。親鸞の苦悩と信仰の極みを弟子の唯円が書き綴った聖典を、詳細な語釈、現代語訳、丁寧な解説を付し読みとく。

1444

喫茶養生記
栄西
古田紹欽全訳注

大文字版

日本に茶をもたらした栄西が説く茶の効用。中国から茶の実を携えて帰朝し、建仁寺に栽培して日本の茶の始祖となった栄西が著わした飲茶の効能の書。座禅時に眠けをはらう効用から、茶による養生法を説く。

1445

蓮如［御文《おふみ》］読本
大谷暢順《おおたにちょうじゅん》著（解説・前田惠學）

真宗の思想の神髄を記した御文を読み解く。蓮如が認めた御文は衰微していた本願寺再興の切り札となった。親鸞の教えと蓮如の全思想が凝集している御文十通を丁寧に読み解き、真宗の信心の要訣を描き示す。

1476

般若心経
金岡秀友校注

大文字版

「般若心経」の法隆寺本をもとにした注釈書。「般若心経」の経典の本文は三百字に満たない。本書は法隆寺本梵文と和訳、玄奘による漢訳を通して、その原意と内容に迫る。仏教をさらに広く知るための最良の書。

1479

修験道 その歴史と修行
宮家 準著

平安時代末に成立した我が国固有の山岳信仰。山岳を神霊・祖霊のすまう霊地として崇め、シャーマニズム、道教、密教などの影響のもとに成立した我が国古来の修験道を、筆者の修行体験を基に研究・解明する。

1483

宗教

山崎正一全訳注
正法眼蔵随聞記
道元が弟子に説き聞かせた学道する者の心得。修行者のあるべき姿を示した道元の言葉を、高弟懐奘が克明に筆録した法語集。実生活に即したその言葉は平易で懇切丁寧である。道元の人と思想を知るための入門書。

1622

竹村牧男著
インド仏教の歴史 「覚り」と「空」
インド亜大陸に展開した知と静の教えを探究。菩提樹の下のブッダの正覚から巨大な「アジアの宗教」へ。悠久の大河のように長く広い流れを、寂静への「覚り」と一切の「空」というキータームのもとに展望する。

1638

三枝充悳《さいぐさみつよし》著（あとがき・横山紘一）
世親
唯識の大成者にして仏教理論の完成者の全貌。現代の認識論や精神分析を、はるか千六百年の昔に先取りした精緻な唯識学を大成した世親。仏教理論をあらゆる面で完成に導いた知の巨人の思想と全生涯に迫る。

1642

道元著／増谷文雄全訳注
正法眼蔵 （一）～（八）
禅の奥義を明かす日本仏教屈指の名著を解読。魂を揺さぶる迫力ある名文で仏教の本質を追究した『正法眼蔵』。浄土宗の人でありながら道元に深く傾倒した著者が繰り返し読み込み、その真髄は何かに肉迫する。

1645～1652

鈴木大拙著（解説・田上太秀）
禅学入門
大文字版
禅界の巨星が初学者に向けて明かす禅の真実。外国人への禅思想の普及を図り、英語で執筆した自著を自らが邦訳。諸師家と弟子との禅問答を豊富に添えて禅の概要を懇切に説くとともに、修行の実際を紹介する。
1668

五来《ごらい》重《しげる》著
熊野詣 三山信仰と文化
日本人の思想の原流・熊野。記紀神話と仏教説話、修験思想の融合が織りなす謎と幻想に満ちた聖なる空間を宗教民俗学の巨人が踏査、活写した歴史的名著の文庫化。熊野三山の信仰と文化に探るこころの原風景。

1685

《講談社学術文庫　既刊より》